PEQUENO TRATADO SOBRE A FRAGILIDADE

Mauro Cardoso Simões

PEQUENO TRATADO SOBRE A FRAGILIDADE

EDITORA
IDEIAS&
LETRAS

1ª impressão

Editora Ideias & Letras

Avenida São Gabriel, 495
Conjunto 42 - 4º andar
Jardim Paulista – São Paulo/SP
Cep: 01435-001
Televendas: 0800 777 6004
vendas@ideiaseletras.com.br
www.ideiaseletras.com.br

Dados Internacionais de Catalogação na Publicação (CIP) de acordo com o ISBD

S593p Simões, Mauro Cardoso

Pequeno tratado sobre a fragilidade / Mauro Cardoso Simões. - São Paulo : Ideias & Letras, 2022.

72 p. ; 13,3cm x 20,6cm. – (Filosofia e atualidades)

Inclui bibliografia

ISBN: 978-65-87295-37-4

1. Autoajuda. 2. Fragilidade. 3. Filosofia. I. Título. II. Série.

2022-871 CDD 158.1
CDU 159.947

Elaborado por Odilio Hilario Moreira Junior - CRB-8/9949

Índices para catálogo sistemático:
1. Autoajuda 158.1
2. Autoajuda 159.947

Para você a quem dar Buongiorno é sempre garantia de um belo dia.

Estranho que tão poucos venham à floresta para ver como o pinheiro vive, cresce e se agarra, erguendo seus braços perenes para a luz – para ver seu sucesso perfeito; mas a maioria se contenta em vê-lo na forma de muitas tábuas amplas trazidas ao mercado e consideram que é o seu verdadeiro sucesso! Mas o pinheiro não é mais madeira serrada do que o homem, e ser transformado em tábuas e casas não é seu uso mais verdadeiro e mais elevado do que o uso mais verdadeiro de um homem é ser cortado e transformado em adubo. Existe uma lei superior que afeta nossa relação com os pinheiros e com os homens. Um pinheiro cortado, um pinheiro morto, não é mais um pinheiro do que uma carcaça humana morta é um homem. Aquele que descobriu apenas alguns dos valores do osso de baleia e do óleo de baleia pode ser considerado como tendo descoberto o verdadeiro uso da baleia? Pode-se dizer que aquele que mata o elefante pelo seu marfim "viu o elefante"? Esses são usos mesquinhos e acidentais; como se uma raça mais forte fosse nos matar para fazer botões e flautim com nossos ossos; pois tudo pode servir para um uso inferior ou superior. Cada criatura é melhor viva do que morta, homens, alces e pinheiros, e aquele que a entende bem preferirá preservar sua vida a destruí-la. É o madeireiro, então, o amigo e amante do pinheiro, que está mais perto dele e compreende melhor sua natureza? É o curtidor que o esfolou, ou aquele que o encaixotou para ter terebintina que contará à posteridade que foi transformado em pinheiro afinal? Não! não! é o poeta; ele é quem faz o uso mais verdadeiro do pinho – que não o afaga com um machado, nem faz cócegas com uma serra, nem o golpeia com uma plaina –, que sabe se seu coração é falso sem o cortar –, quem não comprou o toco do município em que ele se encontra. Todos os pinheiros estremecem e dão um suspiro quando aquele homem pisa no chão da floresta. Não, é o poeta, que os ama como sua própria sombra no ar, e os deixa em pé.

Henry D. Thoreau, *The Maine woods: A fully annotated edition*[1]

1 THOREAU, Henry. D. *The Maine woods: A fully annotated edition*. Ed. Jeffrey S. Cramer. New Haven: Yale University Press, 2009, p. 111s.

Sumário

Introdução

Simonetta Cerruti e Franco Pinto, de 70 e 73 anos, levam flores para seus próprios túmulos, embora ainda estejam vivos e bem. Aconteceu em Canavese, no recém-nascido município de Valchiusa, na localidade de Trausella (Itália). O casal visita o túmulo pelo menos onde, obviamente, para além da fotografia, existe apenas a data de nascimento. "Não temos filhos", explicam, "e quando partirmos, muito provavelmente ninguém trará flores para os nossos túmulos".

Daí a decisão de prover as flores antecipadamente. Uma questão de decoro, claro, mas também um trabalho de sensibilização. Por terem se mudado para Valchiusa há poucos anos (dois anos antes, viviam em Turim), esperam convencer algum conhecido local a cuidar dos túmulos quando eles estiverem sepultados.

Em um mundo onde tudo indica que se pode resolver cada coisa individualmente, por aplicativos de comida a aplicativos postais, como se tudo pudesse ser feito sozinho, o caso de Simonetta e Franco coloca em perspectiva palavras como *autocontrole*, *autodidatismo*, *autodesenvolvimento*, *autonomia*, *self-care*, *selfie* e *self-service*. Chegará o momento em que estaremos diante da consciência soberana e da impossibilidade de dizer "eu".

Há, também, circunstâncias em que confiamos e depositamos todas as nossas expectativas em alguém. Depois de acolher (não apenas receber, mas receber com *hospitalidade*, o grau mais alto de acolhida) o soldado troiano em seu reino, a rainha Dido acreditava que o amor que sentia era correspondido por Eneias, que mais tarde fundará as bases de Roma. Não foi o que aconteceu. Eneias abandona Dido, apesar de todos os apelos e ameaças, dilacerando o coração da rainha amante. Virgílio, em *Eneida*, reconta magistralmente e com riqueza de detalhes os momentos terrivelmente dramáticos desse rompimento definitivo. De modo parecido com Eneias, conta-se que Medeia fugiu com Jasão, abandonando seus filhos ainda pequenos após tê-los feito sentar-se como suplicantes no altar de Hera Acraia.

Esses exemplos assinalam apenas parte da fragilidade da vida. Qualquer coisa tem o poder de revelar a nossa fragilidade. Jogar futebol, lançar um dardo, correr, saltar, lutar corpo a corpo, escalar montanhas árduas, assistir a um filme ou documentário, tomar um banho quente durante o inverno, preparar um jantar à luz de velas, caminhar em um parque, dirigir um carro, ter um aneurisma em plena viagem de férias, ser atingido por uma bala perdida, por um carro que derrapa, por um assassino, por um curto-circuito na fritadeira elétrica, ser picado por um escorpião, dar um passo em falso, um espirro, cair de uma escada que derrapa, ser atingido por uma árvore que cai enquanto chove, por um objeto que escorrega pela janela de um prédio, ser exposto a um vírus que circula, tudo pode ser fatal. Rapidamente deslizamos daquela onipotência que julgamos possuir e nos encontramos à mercê de outra pessoa. A vida nos pregou uma peça e tornou a nossa jornada pelo mundo impossível de ser compreendida.

Não é uma questão de melhorar e aperfeiçoar a vida, mas de reassumi-la com todas as suas contradições e prejuízos. Não se trata aqui de persuadir que a vida humana é o ápice de tudo o que há de melhor e mais refinado no mundo, mas de apontar, aqui e ali, as fagulhas de nossa mais ínfima fragilidade perante a existência.

Há, ainda, a fragilidade que sentimos diante de um sonho, dos ruídos noturnos, dos temores espirituais, do sobrenatural, da realidade, do vento que sopra violentamente, da morte violenta (como afirmava Thomas Hobbes), do morrer solitariamente em um leito de hospital ligado a aparelhos e entre pessoas desconhecidas, da vida em ebulição, da paixão não correspondida; nesses momentos, quase sentimos que a beleza e a natureza não são feitas para nós, mas para os outros, e que por isso amargamos a experiência de nos considerarmos menos dignos delas. Tal é a nossa condição: somos irremediavelmente frágeis.

Mas não somos feitos só para a morte, para a infelicidade, para o desespero, para o desassossego, para oceanos de tédio, miséria e solidão. Também somos feitos para a tranquilidade, para a serenidade, para a felicidade, para a vida. Somos feitos para experimentar a beleza.

Somos um mistério de força e debilidade, de uma polifonia que está em nós e fala múltiplas linguagens. Somos duplos. Buscamos a verdade e nos deparamos com o segredo, almejamos a segurança e esbarramos na obscuridade, visamos a plenitude e descobrimos que somos parte de um todo que sequer compreendemos. Desejamos uma vida amorosa e sonhamos com uma vida alegre e feliz. Não devemos nos resignar a morrer tão somente. Talvez a redescoberta de nossa fragilidade nos permita conversar um pouco sobre quem somos e a intuir a vastidão do mundo por trás das palavras que não são apenas palavras.

***

O livro que você tem em mãos possui um caráter fragmentário, inacabado, abrindo-se continuamente a novas digressões, com alguns movimentos oscilatórios, por vezes repetitivos, e que intermediariamente se estilhaçam em algumas centelhas quase sentenciosas e propositadamente enigmáticas. Acredito que cada um possa extrair associações com o que aqui examino daquilo que já compreende sobre os assuntos aqui tratados.

Quando comecei a escrever esse texto, imaginei algo que falasse de fragilidade sem os ares de fortaleza e de superação da própria fragilidade, como se possuísse uma espécie de fórmula magicamente atraente que permitisse uma rota de fuga de nossa condição humana. Uma escrita sobre a fragilidade precisava ser, também, uma escrita frágil. A fragilidade deveria estar na própria escrita, incapaz de alcançar o global, o totalizante, e *deveria* visar a brevidade, o fragmentário, o frágil. Ao contrário de apontar os aspectos tênues da existência propriamente humana, busquei alguns temas que me parecem fazer parte daqueles assuntos que a humanidade considera grandiosos e que têm a pretensão de elevar o humano quando deles tratamos. Esses temas se converteram em tópicos e, assim, de modo sucintamente breve, trato de cada um deles.

Tentei fugir, ao máximo, de visar à completude, ao amplo, ao argumentativo, à totalidade, entrecruzando a fragilidade da escrita com a fragilidade própria do ser humano. Assim, este livro não representa pílulas de sabedoria ou uma profunda e imutável revelação do que há de essencial na humanidade, mas delineia alguns aspectos que me parecem fundamentais para nos situarmos em um mundo que a cada dia se demonstra mais mutável, transformado, alterado, assim como nós, quer queiramos ou não.

1. Abandono

A mais calamitosa e frágil de todas as criaturas é o homem e, ao mesmo tempo, a mais orgulhosa.

Montaigne. *Ensaios*, livro II, capítulo XII, p. 806

O sofrimento gerado pelo abandono é sempre um mistério, indecifrável, indizível, indescritível. O abandono do pai, da mãe, dos filhos, da namorada, do namorado; o abandono que se sente ao se perder um trabalho, ao não se obter uma resposta depois de uma entrevista de emprego. A sensação de incompreensão, de se estar só em uma luta que parece contínua; o abandono dos amigos, dos colegas de profissão; o profundo desassossego, inquietude, ao não ver seu empenho reconhecido. Esse é o abandono em vida. Uma vida abandonada à própria sorte; as ideias que abandonamos pelo caminho e que não esperamos mais rever; um misto de desamparo e solidão que agudamente perturba a alma e nos desloca para além de todo sentido; uma sensação de estarmos mortos em vida, de sermos mortos viventes. A dor lancinante ao sermos abandonados por alguém que amamos profundamente e que ousa morrer sem permissão: a morte abrupta e sem a última conversa que adiamos para o dia seguinte; o aneurisma que se rompe em plena noite durante um banho que prometia ser revigorante. O abandono definitivo, o rastro de destruição deixado para trás que não será apagado ao rever fotos: a morte sem aviso, súbita, como um enfarto em plena noite. Abandonados somos, mais cedo ou mais tarde. A sensação é de uma profunda traição que não pode ser superada senão pelas boas recordações que só mais tarde, imaginamos, podem reconstituir os fios da vida vivida.

A cena de Jesus de Nazaré na cruz sempre me deixou desassossegado, inquieto: "Pai, Pai, por que me abandonastes?" (Mat. 27: 46).

Não bastando o sentimento e a realidade do abandono do *absoluto*, ainda pôde ver que "Então todos os discípulos o abandonaram e fugiram" (Mat. 26: 56). Ele não veio ao mundo como um filho estrela, *pop star*, o filho celebridade, que os pais celebram como um fetiche, que os pais idolatram. Não foi, portanto, protegido contra o encontro traumático com a realidade que então se concretizava na cruz.

Na verdade, muitas vezes imaginei que ele estava falando para seu pai adotivo, José, que poderia estar ao pé da cruz e não esboçou um gesto de socorro ao filho. A qual pai ele estava se referindo? A um deles ou aos dois?

O livro de Níkos Kazantzákis, *A última tentação de Cristo*, conseguiu alcançar um Jesus que vacila diante dos projetos de seu Pai. Um Jesus que assume plenamente no momento da crucificação sua parte mais humana e escolhe uma vida em comum com a humanidade. Ele renuncia, abandonando o projeto de salvação, e só ao final reassume sua tarefa mais brutal: ser crucificado.

Na verdade, o filho não abandona o Pai e se converte, assim, naquele que salva Deus e, ao mesmo tempo, a humanidade. Ou seja, ele não salva apenas a humanidade, mas ao próprio Deus. É o filho que conduz o pai e subverte a lógica da sucessão. O Pai, no entanto, abandona Jesus para que ele faça suas próprias escolhas e assuma a identidade de Cristo, o crucificado. Nesse caso, há um limite no quanto um pai pode conduzir o filho; e nada será suficiente para nutrir os dilemas que todos os filhos possam ter diante de si. O abandono é incontornável e inevitável, e a experiência de Jesus é a experiência de cada filho diante do abandono. Alguns se tornam *Cristos* e exclamam: por que me abandonastes?

Há uma parte do caminho da vida que ambos, pais e filhos, podem trilhar em conjunto, e, em geral, isso é feito. Nesse período, os pais desenvolvem o forte senso de que já sedimentaram as bases para as escolhas futuras de seus filhos. Uma sólida base moral foi desenvolvida, o senso de dever foi construído, a prudência foi inoculada. Nesse período desenvolve-se, também, a forte crença de que tudo possa ser resolvido pelo diálogo, essa palavra que se tornou um mito com o passar dos tempos. A conversa entre pais e filhos *jamais* é um diálogo. Em um verdadeiro diálogo as duas partes saem transformadas, e no dia seguinte surgem as marcas dessa mutação. Basta que pais experimentem "dialogar" com seus filhos adolescentes para ver o que acontece. O dia seguinte há de demonstrar que permanecem os mesmos – pais e filhos – e ambos são mordidos pelo vazio da vida. Eis o cenário para discussões, brigas, rompimentos. Não há, nesse caso, um verdadeiro diálogo. Não houve mutação. Substituamos a palavra diálogo pela palavra conversa; quem sabe as coisas se passem de modo distinto e os pais também acordem no dia seguinte transformados.

***

Daria achava que o amor poderia consertar tudo. Então, Giada, sua filha, se suicida. E o *seu* mundo desmorona:

"*— Foi a Giada que morreu, padre Pietro, não qualquer pessoa. É minha menina que cometeu suicídio. Já quando se vai um parente ou amigo dói, mas uma criança? Como você aceita a perda de uma filha? O suicídio da própria filha?*

Quando minha avó morreu, minha mãe foi esmagada pela tristeza. Então, depois de algumas semanas, ela começou a levar as coisas para a lavanderia e a fazer o jantar. Ela lembrou que sua carteira de identidade havia vencido e a renovou. Ela organizou as férias de verão e mandou fazer um vestido pela costureira".[1]

Impossível compreender o profundo abismo no qual a experiência do abandono nos lança. Quando pensamos que tudo está calmo e tranquilo, oceanos de tédio, miséria e solidão se

1 MARZANO, Michela. *L'amore che mi resta*. Turim: Einaudi, 2017, p. 36.

apresentam à nossa frente. É impossível expressar qualquer sentimento de empatia, pois a incompreensibilidade nos permite apenas ouvir, estar ao lado, escutar o relato e não virar o rosto para quem sofre tão desmedidamente. A experiência não pode ser compartilhada em sua inteireza, em sua face dilacerante. Às vezes procuramos simular que compreendemos por que tivemos alguma vivência parecida ou semelhante, mas nada pode prolongar as experiências de um ao outro. Até mesmo o modo como falamos de nossa dor não revela o que de fato se passa em nosso interior. Alguns tentam mais, outros menos, mas estamos no terreno da impossibilidade de retratar o que sentimos.

Perder um filho, uma filha (como Daria perde Giada), um irmão, um pai, uma mãe, nos coloca em meio à fragilidade que até então nos parecia distante e inexperimentável. Diante desse sentimento de estarmos abandonados em nosso próprio sofrimento, experimentamos o mundo desaparecer debaixo de nossos pés. Nada nos consola; nada nos deixa ser como antes. Resta o vazio com que teremos de lidar nos próximos dias, meses e anos.

Em noites como essas tentamos em vão mudar de posição enquanto procuramos descansar em nossas camas, e sentimos o peso de nossos próprios corpos sobre nós mesmos. Quanto mais tentamos não pensar, empenhando a vontade cega que alguém se ilude em poder usar em situações desse tipo, mais ficamos com os olhos bem abertos em plena escuridão.

O balcão vazio: "*Todo cambia*"

"Após ter repetidamente examinado minha consciência perante Deus, eu tive certeza de que minhas forças, devido à avançada idade, não são mais apropriadas para o adequado exercício do ministério de Pedro [...]. Por essa razão, e bem consciente da seriedade desse ato, com plena liberdade, declaro que renuncio ao ministério como

Bispo de Roma".[2] Com essas palavras, Bento XVI anunciava sua renúncia aos Cardeais em 10 de fevereiro de 2013. O balcão de Pedro estaria vazio em 28 de fevereiro daquele mês.

Dois anos antes, em 2011, estreava o filme de Nanni Moretti, *Habemus Papam*. O filme gira em torno de um paradoxo, que hoje não parece mais ser algo inusitado: o Balcão da Benção, que permanece vazio depois de a fumaça branca aparecer aos fiéis. Entre as cortinas vermelhas, abertas como tais, ninguém aparece. O novo papa não surge. Ele se retira, desistindo. Parecia uma fábula quase surreal sobre inadequação; foi relida, após a renúncia de Bento XVI em fevereiro de 2013, como uma profecia. O que é certo é que as palavras com as quais o cardeal Melville, o papa recém-eleito, comunica a renúncia aos fiéis no filme, são muito semelhantes àquelas que Joseph Ratzinger teria usado para anunciar sua aposentadoria: "Neste momento, a Igreja precisa de um guia que tenha força para realizar grandes mudanças, que busca encontrar a todos e que tem amor e compreensão por todos. Peço perdão ao Senhor pelo que estou prestes a fazer e não sei se Ele será capaz de me perdoar".

As dúvidas e as angústias de um Papa eleito que reluta em aceitar apresentar-se no Balcão de São Pedro. O psicanalista que é chamado às pressas para uma consulta em meio a todos os cardeais. As perguntas que não podem ser feitas ao Pontífice: sexualidade, as relações familiares, os sonhos... Inúmeras são as indagações que ficam sem respostas. Em meio a tudo isso, o Papa foge para longe dos muros do Vaticano.

Nesse percurso que atravessa grande parte do filme, ele recorda de seu sonho de ser um ator (como João Paulo II, nascido Wojtyla).

---

2 BENEDICTUS XIV. *Declaratio.* Vaticano: Libreria Editrice Vaticana, 2013. Disponível em: http://www.vatican.va/content/benedict-xvi/pt/speeches/2013/february/documents/hf_ben-xvi_spe_20130211_declaratio.html. Acesso em: 04 jan. 2021.

Vai ao consultório de uma analista. Anda pela cidade, pelas praças, lê jornais, vê noticiários pela televisão em um café. Um Papa recém-eleito anda a pé pela cidade de Roma sem ser reconhecido. Ninguém ainda sabe da identidade do Pontífice.

Não é quase impossível imaginar um papa desistindo de seu cargo? Não é quase impossível pensar em um Papa confiando seus segredos a um psicanalista? Não é quase inimaginável para os cardeais jogarem vôlei nos pátios do palácio apostólico? Tudo isso está presente no filme de Nanni Moretti.

Ele não se sente pronto para ser Papa. Não pode assumir tamanha responsabilidade. Sente uma inadequação entre ele e o lugar de Pedro. Por fim, é em uma sala de teatro que os cardeais e os guardas suíços o surpreendem e praticamente o obrigam a voltar ao Vaticano. Retorna relutante e ao ser apresentado como o novo Pontífice antecedido pela expressão *Habemus Papam*, anuncia a todos que estão na Praça de São Pedro que não pode ser Papa, abandonando o balcão diante dos Cardeais e da multidão perplexa.

O Balcão de São Pedro resta vazio. Do mesmo modo que estamos vazios e de como tudo está vazio. O balcão de Pedro, o balcão dos pais que repetidamente adulam seus herdeiros, o balcão das autoridades que deveriam infundir o ânimo e a expectativa de que a vida possa ter um sentido, o qual precisa ser buscado.

Há algum tempo assisti à entrevista do ex-presidente americano Barack Obama sobre o lançamento de seu mais recente livro e algo me chamou a atenção. Ao falar de sua experiência de visitar o Cristo Redentor no Rio de Janeiro, disse que suas filhas pediram que rezassem. Ele diz que rezou em silêncio e pediu que suas duas filhas soubessem o quanto ele as ama. Há tempos os filhos rezavam para que seus pais os amassem, hoje os pais fazem as súplicas, fazendo com que haja uma inversão incontornável nas relações familiares. O "balcão" dos pais, abandonados aos próprios filhos, também está vazio.

2. Segredo

No livro e no filme *As pontes de Madison*[1] encontramos a história do fotógrafo da *National Geografic* Robert Kincaid (Clint Eastwood) e de uma mulher que vive nos confins do estado americano de Iowa, no condado de Madison County, Francesca Johnson (Meryl Streep). Francesca é mãe de um casal de filhos, Michael e Carolyn Johnson. Tem um casamento sólido e representa para a família e para os amigos o ideal de mãe que renuncia a seus desejos para garantir a estabilidade no interior da própria família. Nessa família tudo está em equilíbrio, tudo está em ordem. Em sua família não há espaço para distâncias e solidão autoimpostas, de expressão de sentimentos e emoções. Porém, Francesca não possui aquilo que Ann Taylor Allen chama de "dotação de maternidade".[2] Tudo é ocupado, preenchido em um *continuum* que não permite que cada um seja *si mesmo*, apenas que se mesclem sem distinção e sem autoafirmação. E isso aniquila Francesca, que, sem expressar verbalmente, dá sinais de um incômodo dessa pertença indistinta que a consome diariamente. Como disse primorosamente Simmel, "as relações íntimas, cujo suporte formal é a proximidade física e espiritual, perdem o encanto e até o conteúdo da sua intimidade, se a proximidade não incluir, ao mesmo tempo e alternativamente, distâncias e pausas".[3] A história

---

1 WALLE, Robert James. *As Pontes de Madison*. Trad. Alice Klesck. São Paulo: Única, 2015.

2 ALLEN, Ann Taylor. *Feminism and Motherhood in Western Europe, 1890--1970: The Maternal Dilemma*. Nova Iorque: Palgrave Macmillan, 2005, p. 63, e WELSS, H. G. *Ann Veronica*. Reino Unido: T. Fisher Urwin, 1909.

3 SIMMEL, Georg. *Sociología: Estudios sobre las formas de socialización*. México: Fondo de Cultura Económica, 2015.

é tecida, em grande parte, durante uma viagem feita pelo seu marido Richard e pelos seus filhos, que permanecem apenas quatro dias distantes do lar em que tudo possui um calendário próprio, um ritmo próprio, um modo próprio. Então, o surpreendente acontece, tal como o encontro com Brenda é narrado por Philip Roth em *Adeus, Columbus*. Naqueles dias Francesca terá uma experiência do amor que eternamente estará em seu coração e sua vida perde o equilíbrio, porque o amor tem sempre uma dose de desorientação. O contato físico deles termina com a escolha de Francesca em permanecer junto ao marido e aos filhos; mas o amor é sempre amor eterno, independe de um espaço delimitado no tempo. Todo encontro amoroso é uma experiência da eternidade ou uma aposta na repetição sempre eterna de reencontros, e o mundo das possibilidades estará para sempre aberto. Amar é expor-se à abertura de um mundo possível que jamais se fechará. Amar é viver a instabilidade que perturba e saber que não estamos sós no mundo. Compartilhamos com alguém um sentido de pertencimento a alguma coisa que não sabemos bem o que é, mas que em pleno mar revolto, sobre um barco pequenino, sabemos que nela podemos nos amparar um no outro para seguir adiante. Isso pode ser feito na presença física ou a partir das memórias da experiência transfiguradora. O amor não apenas muda, ele transfigura. É isso que expressa Francesca ao escrever em seus diários que mais tarde deixará como herança aos filhos. Afinal, é isso que realmente pode deixar como patrimônio aos filhos: os relatos da experiência do amor. "Porque mesmo a percepção do presente é o futuro e o futuro de um homem é o amor".[4]

Esses relatos transformarão para sempre o modo como os filhos a viam. Francesca, antes vista como mãe, com sua morte se

---

4 PASTERNAK, Boris. *Safe Conduct: An autobiography and others writings*. Nova Iorque: The New American Library, 1959, p. 47.

revela e aparece a mulher, a amante, a mulher desejante; o que foi segredo, por 24 anos, torna-se agora conhecido pelos filhos.

O segredo da solidão: mesmo em família (quando a família retorna e está feliz por ter ganhado um prêmio), Francesca, desolada pela ausência de Robert, faz um esforço gigantesco para representar o papel de mãe que de tudo abdica em favor de seus filhos. Francesca bem poderia ter sentido e dito: "Tenho a sensação de ser palco de um acontecimento secreto, ignorado por todos".[5] Com Robert, ela é *momentaneamente* transparente; *momentaneamente* transparente para ele e *momentaneamente* transparente para si mesma. Preparam o jantar juntos; ouvem a mesma música; lavam a louça juntos (e, pela primeira vez, alguém – Robert – fechava a porta com cuidado, sem deixá-la bater); são sinais de uma vida que poderia ter sido e que, no entanto, não foi. Já que ocorre o primeiro encontro, Francesca notou que "ali começou algo que a modificaria para sempre".

O segredo de saber que o semáforo, durante a chuva intensa ao final do filme, não será mais apenas um semáforo, e sentir Robert chamar: "Vem, sai desse carro e venha ao meu encontro". O segredo de olhar pela fresta de uma das pontes de Madison e observar Robert escolhendo o melhor ângulo para uma foto da ponte Roseman e que, mais tarde, estará na capa da *National Geografic*. O segredo de ser mãe e, ao mesmo tempo, mulher. É isso que os diários revelam. Francesa não é uma, mas duas mulheres. Nela habitava uma mulher que ela desconhecia inteiramente.

Uma outra possibilidade que me parece fundamental é acompanhar as reações dos filhos às revelações de Francesca. Agora eles sabem muito menos do que o que ela escondia em si mesma, aquela ideia de profundidade, de uma alma escondida e secreta, que é o primeiro e necessário fundamento do amor. Filhos que, ao tirarem o "véu da ignorância" que cobria a figura de sua mãe, fazem com que

---

5 HILLESUM, Etty. *Une vie bouleversée*. Paris: Seuil, 1985, p. 76.

tirem os véus de si mesmos e se descubram frágeis como qualquer outro ser humano. Filhos que só se descobrem herdeiros na medida em que se tornam órfãos.

Os filhos, ao terem contato com o segredo de Francesca (Michael não crê que essa mulher, que agora aparece, seja a sua mãe!), estão com suas vidas em turbulência em seus casamentos. Os segredos de Francesca lentamente os transformarão e pacificarão as primeiras reações de indignação pela mácula que carregará a imagem de sua mãe. Se a questão inicial é: "quem é essa mulher que habitava o corpo de nossa mãe? Quem é essa Francesca que desconhecíamos?", ao final descobrem que há algo que ultrapassa os vínculos familiares, e ambos, Michael e Carolyn, retomam suas vidas e não são mais os mesmos. Tudo está transformado.

Ainda que creiamos que a verdade e a transparência sejam tão decisivas para que nos sintamos confiantes no mundo e nas pessoas, podemos compreender que o segredo guarda um aspecto fundamental para que cada um possa ser e imaginar sua própria vida. Talvez seja por isso que Kant afirma que toda pessoa "tem segredos e não deve confiá-los cegamente aos outros; em parte, pelo vil modo de pensar da maioria, que deles faria um uso que lhe seria prejudicial, em parte pela falta de entendimento de muitos no ajuizamento e discernimento daquilo sobre o que se pode ou não falar (a indiscrição), qualidades que raramente se encontram juntas em um sujeito".[6]

O segredo de Pasternak e Feltrinelli

"Em 1955, logo após o estabelecimento de minha empresa, Giangiacomo Feltrinelli Editore, fui contatado por Sergio D'Angelo, que na época dirigia a livraria PCI em Roma e estava prestes a partir para Moscou como membro da redação do partido trabalhando em um

---

6 KANT, I. *Metafísica dos Costumes*. Petrópolis: Vozes, 2013, § 47.

programa de rádio ítalo-soviético. Ele sugeriu que atuasse como caçador de talentos literários da URSS para minha editora sediada em Milão. Poucos meses depois, D'Angelo me disse que um romance incrível escrito por um poeta russo, Boris Pasternak, estava prestes a ser publicado na União Soviética. Pedi a D'Angelo que entrasse em contato com o autor e solicitasse uma cópia do manuscrito para que a tradução fosse feita imediatamente. Após a primeira publicação na União Soviética, os autores russos não desfrutam de proteção de direitos autorais. Começando a tradução imediatamente, eu teria a chance de publicar ao mesmo tempo que a editora soviética e, assim, garantir os direitos autorais da obra no Ocidente. Em acordo com o autor, o manuscrito me foi entregue em Berlim no verão de 1956."[7]

A descrição acima diz respeito ao período em que se aguardava a publicação da obra que viria a ser a mais conhecida dentre os livros de Boris Pasternak: *Dr. Jivago*. As circunstâncias políticas não eram favoráveis à Pasternak e a obra seria publicada primeiramente por Giangiacomo Feltrinelli em sua recém-fundada editora, conhecida hoje por Feltrinelli. As tratativas não foram fáceis e exigiram uma secreta engenhosidade para que o manuscrito chegasse à Itália. Mesmo agindo em sigilo para não sofrer intervenções de Moscou, soube-se mais tarde que tudo era sabido em detalhes pela KGB. Como Giangiacomo era comunista, as cerradas fileiras das lideranças soviéticas pensaram na época que, ao final, o autor não publicaria a obra para não contrariar o partido do qual era membro ativo. Mesmo Nikita Khruschev acreditava nisso e jamais imaginou que um livro tivesse um poder tão grande como saberia depois: Pasternak não era um escritor comum.

Nesse período, havia uma campanha internacional para que o Prêmio Nobel de Literatura fosse concedido a Pasternak. Em uma

---

7 FELTRINELLI, Carlo. *Senior Service: A Story of Riches, Revolution and Violent Death*. Trad. Alastair McEwen. Londres: Granta Books, 2013.

palestra na Universidade de Uppsala em 14 de dezembro de 1957, poucos dias depois de receber o prêmio, Albert Camus falou do "grande Pasternak" e abriu um ano de especulações de que o momento de Pasternak havia chegado. Embora ansiasse pela homenagem, Pasternak compreendeu que sua candidatura estava repleta de perigos políticos.

Quatro dias depois de Camus falar na Suécia, Pasternak escreveu para sua irmã, Lydia, em Oxford: "Se, como algumas pessoas pensam, eu receber o Prêmio Nobel apesar dos protestos soviéticos, então provavelmente estarei sujeito a todo tipo de pressão aqui para recusá-lo. Acho que tenho resolução suficiente para resistir. Mas eles podem não permitir que eu viaje para recebê-lo".[8] Durante a comemoração do quadragésimo aniversário da organização Komsomol (a organização juvenil do Partido Comunista da União Soviética. O nome é uma contração de Kommunisticheskiy Soyuz Molodiozhi, ou União da Juventude Comunista, criada em 29 de outubro de 1918) podia-se ouvir o discurso de Vladimir Semichastny em um ataque sem precedentes à Pasternak, enquanto Khrushchev sorria ao fundo. Expressões como "ovelha sarnenta", "trabalho calunioso", "porco", "emigrante interno" foram dirigidas a Pasternak e seguidas de aplausos enfurecidos.

No dia seguinte, Boris Pasternak lê os relatos do discurso de Semichastny e escreve uma carta a Nikita Khrushchev:

> Caro Nikita Sergeyevich,
>
> Dirijo-me a você pessoalmente, ao Comitê Central do Partido Comunista da União Soviética e ao Governo Soviético.
>
> Pelo discurso do camarada Semichastny, compreendo que o governo não colocaria nenhum obstáculo à minha saída da URSS.

---

8 FINN, Peter; COUVÉE, Petra. *The Zhivago Affair: The Kremlin, the CIA, and the Battle Over a Forbidden Book.* Nova Iorque: Pantheon Books, 2014, p. 138.

Para mim isso é impossível. Estou ligado à Rússia pelo nascimento, pela vida e pelo trabalho.

Não consigo conceber meu destino separado da Rússia ou fora dela. Quaisquer que sejam meus erros e falhas, eu não poderia imaginar que deveria me encontrar no centro de uma campanha política como a que foi elaborada em torno de meu nome no Ocidente.

Uma vez ciente disso, informei a Academia Sueca de minha voluntária renúncia ao Prêmio Nobel.

Partir para além das fronteiras do meu país seria para mim equivalente à morte e, portanto, peço-lhe que não tome esta medida extrema contra mim.

Com a mão no coração, posso dizer que fiz algo pela literatura Soviética e ainda posso estar a serviço dela.[9]

---

9 FELTRINELLI, Carlo. *Senior Service: A Story of Riches, Revolution and Violent Death*. Trad. Alastair McEwen. Londres: Granta Books, 2013.

3. Transparência

Giacomo de Cristal[1]

Certa vez, em uma cidade distante, nasceu um menino transparente. Através de seus membros se podia ver como através do ar e da água. Era feito de carne e osso e parecia vidro e, se caísse, não se partia, mas no máximo formava uma protuberância transparente em sua testa.

Seu coração podia ser visto batendo, e seus pensamentos dispararem como peixes coloridos em um tanque.

Uma vez, por engano, o menino contou uma mentira e imediatamente as pessoas puderam ver igual a uma bola de fogo atrás de sua testa: ele disse novamente a verdade e a bola de fogo se dissolveu. Pelo resto de sua vida, ele não disse mais mentiras.

Outra vez, um amigo confidenciou-lhe um segredo, e imediatamente todos viram igual a uma bola preta rolando inquieta em seu peito, e o segredo não era mais segredo.

O menino cresceu, tornou-se um jovem, depois um homem, e todos podiam ler seus pensamentos e adivinhar suas respostas, quando lhe faziam uma pergunta, antes que ele abrisse a boca.

Seu nome era Giacomo, mas as pessoas o chamavam de "Giacomo de Cristal" e o amavam por sua lealdade, e todos ao seu redor se tornaram gentis.

Infelizmente, naquele país, um ditador feroz subiu ao poder e começou um período de intimidação, injustiça e miséria para o povo. Os que ousaram protestar desapareceram sem deixar vestígios. Aqueles que se rebelaram foram baleados. Os pobres foram perseguidos, humilhados

---

1 RODARI, Gianni. "Giacomo di cristallo". *Favole al telefono*. Trieste: Edizioni EL S.r.l, 1993.

e ofendidos de inúmeras maneiras. As pessoas ficaram em silêncio e sofreram, por medo das consequências.

Mas Giacomo não conseguia ficar em silêncio. Mesmo que não abrisse a boca, o pensamento falava por ele: era transparente e todos liam por trás de sua testa pensamentos de indignação e condenação pelas injustiças e violência do tirano. Em segredo, então, as pessoas repetiam os pensamentos de Giacomo umas para as outras e tinham esperança.

O tirano prendeu Giacomo de Cristal e ordenou que fosse jogado na prisão mais escura.

Então aconteceu uma coisa extraordinária. As paredes da cela onde Giacomo estava preso ficaram transparentes, e depois delas também as paredes da prisão e, por fim, também as paredes externas. As pessoas que passavam pela prisão viam Giacomo sentado em seu banquinho, como se a prisão também fosse feita de cristal, e continuaram a ler seus pensamentos. À noite, a prisão lançava uma grande luz ao redor e o tirano em seu palácio tinha todas as cortinas fechadas para não a ver, mas ele ainda não conseguia dormir. Giacomo de Cristal, mesmo acorrentado, era mais forte do que ele, porque a verdade é mais forte do que tudo, mais brilhante do que o dia, mais terrível do que um furacão.

A fábula acima fala de *transparência*. Essa palavra adquiriu um sentido extremamente positivo nas últimas décadas. Como sinônimo de transparência temos a clareza, a veracidade, a limpidez, a nitidez, a honestidade etc.

Mas, talvez, "Ninguém deseja ser perfeitamente transparente; nem para os outros e, certamente, nem para si mesmo".[2] A noção de transparência é paradoxal por excelência. Nela encontramos a mais refinada virtude e a mais preocupante das inquietações.

Primeiro porque a transparência não equivale a verdadeiro. Segundo porque, se for colocada plenamente em prática, haveria a impossibilidade de convivência, da mais singular à mais ampla. Como

---

2 TALEB, Nassim Nicholas. *Il letto di Procuste*. Milão: Il Saggiatore, 2011, p. 10.

diria Emil Cioran: "O que aconteceria se o rosto humano expressasse fielmente todo o sofrimento de dentro, se a expressão traduzisse todo o tormento interno? Ainda seríamos capazes de conversar? Não deveríamos conversar enquanto escondemos nossos rostos com as mãos? A vida se tornaria decididamente impossível se nossos traços revelassem a intensidade de nossos sentimentos".[3]

Há uma diferença em ser transparente e revelar o que se tem por dentro, seja nos pensamentos, seja nas emoções, e ser invisível aos olhos dos demais. De tanta transparência, o corpo de Giacomo de Cristal torna-se invisível e dá a entender que o que realmente importa está no interior, como se a tese platônica da superioridade das ideias tornasse dispensável o corpo como parte constitutiva do ser humano.

Quando Descartes luta para tornar as ideias claras e distintas, começa a duvidar do próprio corpo; quando o corpo se converte em obstáculo, livra-se dele por meio da transparência, da translucidez das ideias, e alcança um modelo de se compreender o mundo e as coisas nele existentes. É o auge do racionalismo.

Qualquer traço de não nitidez, de obscuridade, de retração e de segredo são entendidos com desconfiança, e a metáfora da luminosidade aparece com todo o seu esplendor. Lançar luzes sobre o sujeito para o converter em subjetividade desnudada e dissecada. Esquadrinhar todos os ângulos da personalidade e produzir saberes que deem conta de compreendê-lo nos mais longínquos confins da alma.

A transparência tornou-se um dever na atualidade. E aqui reside parte incontornável do problema.

Uma coisa é a transparência das contas públicas, dos salários e dos gastos institucionais que são mantidos fundamentalmente com recursos públicos. Outra é a exigência de que todo o segredo

---

3 CIORAN, Emil. *Al culmine della disperazione*. Milão: Adelphi, 1998, p. 21.

da alma humana seja revelado para que tenhamos um progresso daí derivado.

Essa supervalorização do ideal de transparência conduz ao desespero em casos não tão excepcionais, como naquelas circunstâncias em que se é pressionado a revelar as causas de um sentimento de angústia sobre o qual quem sofre não sabe muito bem a respeito do que acontece consigo e os motivos da insensibilidade dos demais, e como naquela desesperança diante de questões aparentemente destituídas de importância. Usualmente, a recomendação se parece com aquilo que Etty Hillesum descreve: "nunca se deve deixar paralisar por um único problema, por mais sério que seja; o grande fluxo da vida nunca deve parar. Pego minha mão o tempo todo e digo a mim mesmo: agora temos que nos preparar para a aula de amanhã".[4] Mas há determinados casos em que simplesmente o mundo se torna mais opaco e não conseguimos expressar o que está do lado de dentro do corpo. Por mais que os músculos do rosto esbocem um sorriso ou nos alegremos momentaneamente com uma piada que nos sacode as entranhas, nos sentimos vertiginosamente arremessados de volta à cela escura da qual fazemos parte e não possuímos a chave. Estamos fechados em nós mesmos. Somos prisioneiros de nós mesmos e do mundo. Somos o algoz e a vítima ao mesmo tempo.

Michela Marzano conseguiu exprimir isso de modo completamente singular na reflexão e nas circunstâncias dessa opacidade e da demanda sempre insistente de transparência. Sua escrita sobre o tema da anorexia elevada à categoria de exame reflexivo parece ir ao âmago do que aqui assinalo:[5]

"A coisa mais difícil é fazer as pessoas entenderem. Esse sofrimento que está dentro. Imenso. Sem fundo. Que não deixa transparecer nada.

---

4 HILLESUM, Etty. *Une vie bouleversée*. Paris: Seuil, 1985, p. 76.

5 MARZANO, Michela. *Volevo essere una farfalla: Come l'anoressia mi ha insegnato a vivere*. Milão: Mondadori, 2011.

Porque não se pode ver de fora. Nenhum sinal. Nenhum indício. Nenhuma explicação racional. Na verdade, se você olhar de fora, está tudo bem. Você tem tudo. Absolutamente tudo. Beleza, inteligência, sensibilidade. Uma família, amigos, diplomas. Você não está doente. Isto é, sim, você está, mas no único sentido inaceitável do termo, porque, para os outros, é você que está na origem de sua doença.

Você que não quer comer. Você que não quer fazer nenhum esforço para sair do seu mundo louco. Você que não para de reclamar. Você que poderia comprar um vestido de noite, ir ao cinema, fazer amor...

E então, como podemos fazer os outros entenderem que naquele magnífico tudo falta o essencial? Como explicar a eles que, apesar de tudo o que se possui, falta a evidência simples e banal de que viver é belo? Como encontrar palavras para dizer que falta alegria. Falta a paz. Falta a força para enfrentar o mundo. Falta a vontade...

Porque no fundo não há vontade de nada. Você não sabe o que quer, o que deseja, o que sonha... Você só sabe que deve fazer algo... que deve reagir... que deve fazer de modo que tudo torne a ser como antes... deve...

É difícil explicar o que significa ter medo de sair de casa. O pensamento obsessivo de que seria bom fechar os olhos para sempre e nunca mais acordar. A tentação de pegar uma faca e ferir-se... fazer-se mal para sentir um pouco menos de dor...

Porque a vida não pode ser vista de outra forma. Porque parece uma prisão sem porta. Mesmo que exista a porta... para os outros... bastaria abri-la... um simples gesto... impossível... porque é melhor morrer do que decidir não ser mais exatamente aquela pessoa que tudo fez para ser... aquela que merece viver... aquela que tem o direito de viver.

Tente pensar por um momento como é ter a sensação de que você sempre tem que se justificar. Tente imaginar o que pode significar ter a sensação de sempre ter que fazer alguma coisa para dar sentido à existência, a certeza de não chegar lá. Que outros façam melhor. Que você não vale nada, que é inútil, que não tem nenhum valor.

Nesses momentos, não é a morte que assusta. É a vida.

Porque a morte é apenas uma libertação daquele pesadelo que te aniquila..."

4. Confiança

Carta de Tatiana a Onegin[1]

"Eu já escrevo. O que mais você quer? O que posso dizer ainda? Eu sei que agora pode me castigar com seu desdém; mas se você guardar um pouco de compaixão pela minha triste sorte, não me deixará. No começo eu queria calar-me, creia; você nunca teria conhecido minha vergonha se eu tivesse a esperança de vê-lo em nosso povoado, mesmo que um pouco, ainda que apenas uma vez por semana, para ouvir sua voz, dizer uma palavra para você e depois pensar, pensar no mesmo dia e noite, até o próximo encontro. Dizem-me que você é um misantropo, que tudo neste rincão lhe parece enfadonho, e nós [...], nós não nos destacamos em nada, embora sua presença nos deixe sinceramente alegres. Por que nos visitou? Nas profundezas deste povoado esquecido, nunca o teria visto e não conheceria a tortura amarga. Quem sabe se talvez a inquietação da minha alma inexperiente se acalmasse! Guiada pelo coração, eu encontraria uma amiga, seria uma esposa fiel e uma mãe virtuosa. De outro! Não; não entregarei a ninguém no mundo meu coração. Isso foi decidido no conselho supremo, esta é a vontade dos céus: sou tua. Toda a minha vida testemunhei um encontro seguro contigo; sei que você foi enviado a mim por Deus até a sepultura. Meu guardião... Tu me aparecias em sonhos; invisível, me eras já simpático; seu maravilhoso olhar me fez languidescer; em minha alma ressoou sua voz há muito tempo.

Não, isso não foi um sonho! Assim que entrou, eu te reconheci; instantaneamente, atordoada e ardendo, pensei comigo mesma: 'Este é ele'. Não é verdade? Eu te ouvi, falaste comigo em silêncio, quando eu ajudava os pobres ou tratava de acalmar com orações a tristeza da minha alma atormentada. E neste exato instante, não eras tu, querida

1 PUSHKIN, Aleksandr Sergevitch. *Eugene Onegin*. [s.n.t.], 1823, p. 152.

aparição, que, passando pela obscuridade transparente, silenciosamente se inclina sobre minha cabeceira? Não foste tu quem murmurou palavras de esperança com alegria e amor? Quem és? Meu anjo, meu protetor ou um tentador pérfido? Resolva minhas dúvidas; talvez tudo isso seja um simples engano de uma alma inexperiente, que está predestinada a todo o contrário. Mas assim seja! Onegin, confio a você minha sorte, derramei lágrimas diante de você, imploro sua defesa. Imagine: estou sozinha; aqui ninguém me entende; minha razão está exausta; eu tenho que morrer silenciosamente. Te espero; com um simples relance você reaviva as esperanças do meu coração ou desfaz o sono profundo, ai!, com a reprovação merecida. Acabado; tenho medo de tornar a ler. Terror e vergonha me congelam. Mas conheço sua honra e nela confio com ânimo."

Tatiana enamora-se de Eugene Onegin e decide escrever essa carta. Eles se encontraram por apenas um breve período, alguns minutos. Ela sente/imagina/intui que se trata de um amor verdadeiro e decide contar para ele. Tatiana tem a coragem de viver os seus sentimentos, de expressá-los, de se abrir ao desconhecido. O amor é sempre desconhecido. Onegin rejeita a vida, rejeita seus sentimentos, rejeita vivê-los na realidade; fecha-se, pois tem um medo terrível. Seis anos depois, ele a reencontra. Ela está casada. Só então ele descobre que a ama.

Onegin não confia como Tatiana confia. Não confia em Tatiana e não confia em si mesmo. É a essa falta de confiança em nós mesmos que faz referência Cioran: "A necessidade de glória vem de uma sensação de total insegurança que experimentamos em relação ao nosso próprio valor, de uma falta de confiança em nós mesmos".[2] Uma narração ambientada e que tem pessoas dignas de confiança e pessoas das quais é um dever manter distância e não

---

2 CIORAN, Emil. *Cuadernos 1957-1972*. Barcelona: Tusquets Editores, 2007, p. 62

compartilhar mesmo qualquer conversa irrelevante, que bem poderia ser o nosso mundo, pois em nosso mundo também há "pessoas tão brilhantes que você não acredita nelas, e pessoas tão estúpidas que você não acredita nelas".[3]

O excesso de confiança também tem suas armadilhas, como quando Orlando vê escrito em uma árvore um poema de Angélica, mas se dirige a Medoro. Orlando pensa que esse é o nome pelo qual Angélica lhe chama, enganando-se.[4] O excesso de *autoconfiança* pode levar ao *autoengano*. Pensamos que somos mais do que verdadeiramente somos, que somos mais imprescindíveis do que realmente somos. Nos iludimos a cada instante e essa ilusão move grande parte de nossas vidas. E, muitas vezes, depositamos no outro as expectativas que nos mobilizam a cada instante.

A confiança, nesse sentido, pode ser entendida como "uma hipótese sobre o comportamento futuro do outro, uma hipótese que oferece segurança suficiente para basear nela uma atividade prática. Como hipótese, constitui um grau intermediário entre o saber sobre outros homens e a ignorância a respeito deles".[5]

Mas a confiança também pode ser expressa como metáfora da claridade, da luz que se tem ao depositar em outra pessoa as mais valorosas expectativas. Não que a outra pessoa seja digna de confiança, mas porque possuímos em nós algo que esperamos depositar

---

3 VONNEGUT, Kurt. *Quando siete felici, fateci caso*. Roma: Minimum Fax, 2015, p. 79.

4 *Orlando Furioso*, de Ludovico Ariosto, romance em versos (com um total de 46 cantos). Angélica, que encanta a todos os homens, foge de todos os pretendentes cristãos e se entrega a Medoro, um sarraceno (linguagem utilizada na época – a obra foi escrita em 1170, aproximadamente – para denominar os árabes). Isso deixará Orlando furioso, isto é, enlouquecido, insano.

5 SIMMEL, Georg. *Sociología: Estudios sobre las formas de socialización*. México: Fondo de Cultura Económica, 2015, p. 576.

em outra pessoa. Construímos vínculos que nos dão certa segurança frente ao mundo e às angustiantes experiências que nos aguardam.

É isso que encontramos expresso em *Solomon*, de Georg Friedrich Händel (1749):

Contigo atravessarei a terra desértica
Sem jamais do destino lamentar,
Embora o sol ardente brilhe em volta da minha cabeça,
E fira a planície estéril.
Somente a tua forma amável será o objeto da minha cura,
Somente tu podes dar
Prazer contínuo aos meus olhos,
E ao meu coração a alegria (*Solomon*, ato I, n. 20 Ar).

Ser o depositário da confiança também altera quem a recebe. Como um golpe de luz em plena obscuridade, somos transformados quando alguém confia que dali em diante todo o mundo será alterado, transfigurado. Essa mutação pode ser encontrada na figura de Jean Valjean, que recebe a confiança do Bispo[6] mesmo após o roubo dos objetos de prata de sua casa. Jean Valjean não acreditou no que ouvia. Até então não tinha experimentado o valor da confiança e jamais havia recebido qualquer sinal que pudesse confiar ou ser digno de confiança. A partir daquele instante, o mundo dele se refunda, pois ao mesmo tempo que assusta, surge o sentido de responsabilidade pessoal pelos próprios atos. Recordemos:

O Bispo aproximou-se dele e disse em voz baixa:

— Não se esqueça jamais de que o senhor me prometeu usar esse dinheiro para tornar-se um homem bondoso.

Jean Valjean, que não se lembrava em absoluto de ter prometido coisa alguma, ficou sem ação. O Bispo acentuara as palavras com ênfase e continuou com solenidade:

---

6 HUGO, Victor. *Os Miseráveis*. São Paulo: Cosac Naify, 2015.

— Jean Valjean, meu irmão, o senhor não pertence mais ao mal, mas ao bem.[7]

Victor Hugo descreve aquela circunstância em que, na figura do Bispo, "acredita-se em uma pessoa sem que essa fé seja justificada pela evidência de que tal pessoa é digna dela e muitas vezes, às vezes, apesar da prova em contrário".[8] A confiança, no sentido de Zimmel, adquire o senso de fé, de *fidúcia*. Já nas palavras de Adam Smith, a confiança,[9] a estima e o amor daqueles com quem vivemos é a recompensa mais apropriada para promover a prática da verdade, justiça e humanidade.

De todo modo, "essa confiança, essa entrega sem hesitação a uma pessoa, não se baseia em experiências ou hipóteses, mas é uma atitude primária da alma frente ao outro",[10] mesmo desconhecido e sem laços de afetividade recíproca. A confiança rompe esse círculo de interação simbólica e restitui o sentido no mundo.

Mas há circunstâncias nas quais esse lastro de confiança se rompe definitivamente e o mundo desaba diante de nós ou de quem o experimenta. É a situação limite que revela o desamparo existencial.[11] Quando a confiança é rompida, o mundo se esfacela. É como uma cena de filme, em que se cai no vazio, sem amparo possível. É exatamente essa a descrição que o cineasta grego *Alexandros Avranas* faz em seu filme *Miss Violence* (2013).

---

7 HUGO, Victor. *Os Miseráveis*. São Paulo: Cosac Naify, 2015, p. 115.

8 SIMMEL, Georg. *Sociología: Estudios sobre las formas de socialización*. México: Fondo de Cultura Económica, 2015, p. 1197.

9 SMITH, Adam. *A teoria dos sentimentos morais*. São Paulo: Martins Fontes, 2015.

10 SIMMEL, Georg. *Sociología: Estudios sobre las formas de socialización*. México: Fondo de Cultura Económica, 2015, p. 1197.

11 AMÉRY, Jean. *Além do crime e castigo: Tentativas de superação*. Trad. Marijane Lisboa. Rio de Janeiro: Contraponto, 2013.

5. Encontros

Autêntica experiência de hospitalidade: receber a visita do outro mesmo que nenhum convite tenha precedido o recém-chegado.

Jacques Derrida, *El tocar, Jean-Luc Nancy*[1]

Os encontros sempre deixam marcas, sinais. Alguns são programados, outros são fortuitos, como afirmou a poetisa milanesa Alda Merini;[2] outros, ainda, são imaginados, mas jamais ocorrem. Os melhores, no entanto, são inimagináveis e não controlados. Ocorrem por pura gratuidade.

Por mais que pensemos, calculemos, delimitemos rigorosamente suas possibilidades, o tempo toma conta dos mínimos detalhes das circunstâncias e somos, assim, lançados em uma *aventura* da qual não sairemos ilesos, maculados, puros. O encontro transforma-nos para sempre.

É contra essa mutação que na mitologia grega encontramos Proteu, a divindade que se metamorfoseia para se esconder, pois

---

1 DERRIDA, Jacques. *El tocar, Jean-Luc Nancy*. Buenos Aires: Amorrortu Editores, 2011.

2 "As pessoas aparecem fortuitamente
na nossa vida,
mas *não por acaso.*
Frequentemente, eles nos enchem de ensinamentos.
Às vezes nos fazem voar alto,
outras nos jogam no chão
nos ensinando a dor...
nos dando tudo,
levando embora tudo
não nos deixando nada."
(*Le persone capitano per caso*).

não quer o encontro com o outro. Sempre que alguém se aproxima de sua ilha, Proteu é invadido por um medo terrível e se transforma em água, em vento... Em qualquer coisa que não revele quem ele é, de fato. Proteu foge e se refugia; sua metamorfose não permite a transmutação que só é possível pelo encontro.

Foi somente pelo encontro que o médico Frederick Treves (médico no Royal Hospital de Londres) teve com John Merrick, conhecido como o homem elefante, que conhecemos a história do jovem que, por sua anomalia física, era repelido por todos; por intermédio desse encontro, sabemos que possuía "cérebro de um homem, fantasia de um rapaz, imaginação de uma criança".[3] A história, recontada por Treves mais tarde, revela a transformação de médico e paciente. E o contato com a obra também nos transforma. Não há como sair do texto sem essa mutação, essa metamorfose.

Martin Buber, filósofo mais conhecido por sua obra *Eu e Tu*, possui um outro texto que assinala como o contato e o encontro despertou a noção de *alteridade*; a experiência de se estar distante de um outro completamente distinto e, ao mesmo tempo, diante de um ser com quem compartilhamos algo de infinito.

"Quando eu tinha onze anos de idade, passando o verão na propriedade dos meus avós, costumava entrar furtivamente no estábulo e acariciar gentilmente o pescoço de meu querido, um cavalo largo e cinza malhado, sempre que podia fazê-lo. Não foi um deleite casual, mas um grande acontecimento, certamente amigável, mas também profundamente comovente. Se devo explicá-lo agora, partindo da lembrança ainda muito recente de minha mão, devo dizer que o que experimentei no contato com o animal foi o Outro, a imensa alteridade do Outro". E continua: "Quando acariciei a poderosa crina, às vezes maravilhosamente lisa, outras vezes tão incrivelmente

3 TREVES, Frederick. *L'uomo elefante*. Milão: Adelphi, 2020, p. 24. A história foi adaptada para o cinema por David Lynch.

selvagem, e senti a vida sob minha mão, era como se o próprio elemento de vitalidade contornado em minha pele, algo que não era eu, certamente não era semelhante a mim, palpavelmente o outro, não apenas outro, realmente o próprio Outro; e ainda assim me deixou aproximar, confidenciou-se a mim, colocou-se fundamentalmente na relação de Tu e Tu comigo".[4] O verdadeiro encontro tem sido interpretado como um autoencontro, um encontro consigo mesmo. Um voltar-se a si mesmo e lá encontrar a essência do humano que no indivíduo reside. Não é a essa ideia que remeto o significado da palavra encontro. Buber captou isso e nos permitiu ver no encontro, acima de tudo, um antídoto contra o hiperindividualismo centrado no sujeito. O mundo, os objetos, os animais (Buber fala do cavalo, por exemplo), os seres humanos em geral estão contidos nas possibilidades do encontro. Encontro não se reduz a encontrar-se ou reencontrar-se. Encontro é abertura, é desfazer os limites (fronteiras) que fomos colocando no entorno de nós mesmos no decorrer na vida. Encontro é, ao mesmo tempo, abertura e transcendência. No encontro, já não somos exclusivamente um *Eu* subjetivamente constituído e constituinte. Não somos mais senhores, mas participantes que se dispõem à transformação.

Essa transformação é perceptível na vida de Edmund Kean (1787-1833), um renomado ator shakespeariano. Sua vida foi retratada por Alexandre Dumas (*Kean, ou Désordre et génie*, 1836), autor de obras muito conhecidas, como *O conde de Monte Cristo*, *A dama das camélias*, *O homem da máscara de ferro* e *As aventuras de Robin Hood*. No século passado, Jean-Paul Sartre fez uma adaptação do texto de Dumas sobre Edmund Kean.

Os hábitos escandalosos de Kean fizeram com que fosse expulso de Londres em 1825. Ele, então, se dedicou a viagens que o levaram

---

4 BUBER, Martin. *Between Man and Man*. Londres: Routledge & Kegan Paul, 2002, p. 26-27.

ao Baixo Canadá, onde conheceu os ameríndios da comunidade Huron, em Jeune-Lorette. Durante sua estadia ocorreu um incidente que o deixou muito encantado. Percebendo a empolgação que suas apresentações criavam, vários autóctones foram ao teatro; ficaram tão maravilhados com as peças apresentadas e encenadas por Kean que lhe deram o nome de *Alanienouidet* – "forte rajada de vento". Esse encontro o transformou para sempre. Mais tarde, Kean desejou conhecê-los melhor. Seguiram-se as apresentações. Ele não era menos objeto de maravilha e admiração para eles do que eles eram para ele. O conhecimento logo amadureceu para a intimidade; ele os recebia com hospitalidade, recitava para eles, cantava e tocava para eles, cavalgava e cambaleava com eles e, finalmente, expressava seu desejo de se tornar parte da tribo e deixar os caminhos do homem branco para sempre. O encontro transformou a ambos.

"Aquele encontro foi como passar por uma porta aberta para um mundo inexplorado, um mundo de cuidado e de entendimento especiais".[5] Em seu livro *Uma longa viagem*, Eric Lomax retrata que nunca tinha encontrado antes um médico que fosse tão perspicaz, tão disposto e tão pronto para compreender (tratava-se do médico Stuart Tunner, que trabalhava com Helen Bamber [1925-2014] e integrava o corpo clínico da Medical Foundation, fundada em 2005 e, mais tarde, nomeada como Helen Bamber Foundation). Lomax passou toda a vida tentando lidar com a experiência de ter sido prisioneiro em um campo de concentração no sudeste asiático durante a Segunda Guerra. A experiência de ter sido torturado e presenciar seus amigos passarem por torturas e assassinatos e a impossibilidade de falar sobre isso acompanhou-o até o encontro com quem tivesse a sensibilidade de escutá-lo pela primeira vez. Encontrar e ouvir foi a atividade de Helen Bamber desde que chegou em Bergen-Belsen com os Aliados aos dezenove anos de idade em 1945, lá permanecendo por dois anos

5 LOMAX, Eric. *Uma longa viagem*. São Paulo: Planeta, 2014, p. 289.

a ouvir os relatos dos prisioneiros do campo de concentração. Diante da abertura proporcionada pelo encontro com Helen Bamber, Lomax se revela pela primeira vez.

E quando o encontro não se realiza?

"Estava fora de questão o pai viajar com seu passaporte verdadeiro. Ele usou documentos falsos com pseudônimos. No Egito, nos sentimos seguros. Mas em março de 1990, meu pai foi sequestrado em nosso apartamento no Cairo pela polícia secreta egípcia e entregue a Kadafi. Ele foi levado para a prisão de Abu Salim, em Trípoli, que era conhecida como 'A Última Parada' – o lugar para onde o regime enviava aqueles que queria esquecer".[6]

Diferente de Telêmaco, temos Hisham Matar. Telêmaco sai em busca do pai e o pai retorna. Hisham Matar vai em busca de seu pai e não o reencontra jamais. Seu pai desapareceu quando ele tinha dezenove anos, na Líbia. Do mesmo modo que Telêmaco, desconhece a figura física de seu pai; não se recorda.

O livro trata da brutalidade do regime criado e gerido por Muammar al-Gaddafi, mas vai além. Entrelaça o retorno que não ocorre e o encontro com o passado, com a história, com o massacre e o genocídio sofrido pelo povo líbio.

Mesmo no encontro que não se realiza, há outros encontros e reencontros.

---

6 MATAR, Hisham. *The Return: Fathers, Sons and the Land in Between*. Canadá: Alfred A. Knopf, 2016, p. 14

6. Velhice

Não aspire, meu coração, a uma vida imortal,
mas esgote os caminhos do possível.

Píndaro, *Píticas*, III, ep. 3[1]

"Escreveu como manchete: 'Jornalista assassinado'. Depois foi para a linha seguinte e começou a escrever: 'Chamava-se Francisco Monteiro Rossi, era de origem italiana. Colaborava com o nosso jornal com artigos e necrológios. Escreveu textos sobre grandes escritores de nossa época, como Maiakovski, Marinetti, D'Annunzio, García Lorca. Seus artigos ainda não foram publicados, mas talvez venham a sê-lo um dia. Era um jovem alegre, que amava a vida e que, ao contrário, fora chamado para escrever sobre a morte, tarefa da qual não se esquivou. Nesta madrugada a morte foi procurá-lo. Ontem à noite, enquanto jantava na casa do diretor da página cultural do Lisboa, o doutor Pereira, que escreve este artigo, três homens armados irromperam no apartamento. Apresentaram-se como polícia política, mas não mostraram nenhum documento que corroborasse sua palavra. Tendemos a excluir que se tratasse realmente de polícia, porque estavam vestidos à paisana e porque esperamos que a polícia de nosso país não lance mão desses métodos. Eram uns facínoras que agiam com a cumplicidade de não sabemos quem, e seria bom que as autoridades investigassem esse acontecimento torpe. Eram liderados por um homem magro e baixo, de bigode e cavanhaque, que os outros dois chamavam de comandante. Os outros dois foram mais de uma vez chamados pelo nome por seu comandante. Se os nomes não eram falsos, eles chamam-se Fonseca e Lima, são

---

1 PÍNDARO. *Le Pitiche*. Milão: Fondazione Lorenzo Valla/Mondadori, 2012, p. 95.

dois homens altos e robustos, de tez escura, de ar pouco inteligente. Enquanto o homem magro e baixo mantinha uma arma apontada contra quem escreve este artigo, o Fonseca e o Lima arrastaram Monteiro Rossi para o quarto para interrogá-lo, segundo o que eles próprios declararam. Quem escreve este artigo ouviu pancadas e gritos abafados. Depois os dois homens disseram que o trabalho estava feito. Os três deixaram rapidamente o apartamento de quem escreve ameaçando-o de morte, caso divulgasse o ocorrido. Quem escreve foi para o quarto e nada mais pôde fazer a não ser constatar o óbito do jovem Monteiro Rossi. Tinha sido brutalmente espancado, e alguns golpes, desferidos com o cassetete ou com a coronha da arma, arrebentaram seu crânio. Seu cadáver encontra-se atualmente no segundo andar de rua da Saudade, número 22, na casa de quem escreve este artigo. Monteiro Rossi era órfão e não tinha parentes. Estava apaixonado por uma moça bonita e doce, cujo nome não conhecemos. Sabemos apenas que seus cabelos eram cor de cobre e que amava a cultura. A essa moça, se nos estiver lendo, apresentamos nossas mais sinceras condolências e nossas carinhosas saudações. Convidamos as autoridades competentes a vigiar atentamente esses episódios de violência que, à sua sombra, e talvez com a cumplicidade de alguns, são hoje perpetrados em Portugal".[2]

***

Pereira conversava regularmente com a foto da mulher já morta e passava os seus dias nos afazeres de um homem comum (como disse Philip Roth em *O homem comum*: "Não pretendia ser ninguém excepcional. Era apenas vulnerável, frágil e confuso. E convicto de seu direito, como ser humano comum, de terminar sendo perdoado por todas as privações que tivesse causado".[3] Com o passar do

---

2 TABUCCHI, Antonio. *Afirma Pereira*. São Paulo: Estação Liberdade, 2020, p. 117-118.

3 ROTH, Philip. *O Homem Comum*. São Paulo: Companhia das Letras, 2006, p. 23.

tempo conversa menos frequentemente com a foto da mulher... E se aproxima cada vez mais da realidade, da participação política. Seu mundo de poucas atribulações de repente se vê alterado pela presença de um moço que com ele dividirá a redação do jornal em que trabalha. Seu nome é Monteiro Rossi. Esse encontro, que se renova a cada dia, fará com que Pereira deixe o distanciamento calculado do mundo e da política. Trata-se de um homem simples, cheio de problemas, católico, obeso; é um homem comum... Não faz nenhum ato heroico. Faz pequenos gestos de resistência ao regime de Salazar no jornal ao qual dedica os seus dias, o *Lisboa*.

Antonio Tabucchi assinala, em sua obra, como um indivíduo sem causas pelas quais lutar lentamente se vê tomando consciência da realidade brutal que o cerca, como se a idade avançada de Pereira ainda portasse a possibilidade de renovar a expectativa de um mundo melhor.

A violência do regime salazarista, antes não sentida por Pereira, se vê nas entrelinhas das conversas que mantém com Monteiro Rossi. Este amadurece cedo e Pereira amadurece mais tarde, no crepúsculo da vida. Cada um, a seu modo, tem o seu tempo para tomar aquilo a que chamamos *consciência da realidade*, ou *consciência do mundo*.

Em geral, acredita-se que há um momento elementar na vida para que o ser humano passe a pensar por si mesmo, a ter a capacidade de fazer escolhas racionais que o conduzirão ao máximo grau de autonomia reflexiva. Como em uma espécie de descolamento dos demais, cada pessoa portaria em si os desígnios de sua própria existência.

Tenho muitas dúvidas disso e não vejo o alvorecer da maturidade das capacidades restritas a uma fase da vida, como se o que viesse depois simbolizasse um declínio irremediável.

Pereira consegue reinjetar ânimo em uma fase da vida em que, aparentemente, todas as ilusões estão perdidas e a dureza do mundo adquiriu uma concretude irremovível. Na verdade, não é ele que consegue isso, por si só, mas essa transformação só é possível pela presença de Monteiro Rossi. E é justamente ele que deixará uma herança para Pereira: a herança da responsabilidade que assume pela primeira vez. A capacidade com que aprende de Monteiro Rossi os mais firmes compromissos que possa assumir faz com que Rossi, em uma inversão da ideia de paternidade, mostre o mundo pela primeira vez a Pereira. As gerações não se sucedem no tempo, elas se entrecruzam, e o velho é rejuvenescido. Pereira, no texto acima, assume uma coragem que jamais imaginava portar consigo e denuncia os horrores do regime de Salazar. É como se Telêmaco ensinasse o seu velho pai e marinheiro Ulisses a navegar pela primeira vez em mar aberto. Não é o pai que ensina. Ele é quem aprende.

Pereira porta consigo o testemunho, e o testemunho dos mais velhos é um elemento vital para um mundo no qual ainda acreditamos que haverá sintonia na sucessão das gerações. Não retórica educativa e conselhos que retratam a experiência de quem muito já viveu, mas o testemunho de uma vida em transformação.

É esse testemunho que interrompe provisoriamente o conflito entre as gerações e incentiva a experiência existencial entre pessoas de mundos tão distintos, diferentes, incomparáveis. Aqui, a empatia não entra e o diálogo sequer mostra sua face.

Estamos no terreno da simples conversa. Conversa que, ao ser "jogada fora", é mais aproveitada e gera uma verdadeira mutação nas pessoas que a ela se predispõem. Nunca acreditei que a empatia e o diálogo tivessem a força de uma conversa jogada fora. Palavras jogadas ao léu são verdadeiras relíquias para a humanidade. Aquele aparente descompromisso diante do que se ouve ou de quem se ouve que, de repente, atinge em cheio o coração e a reflexão. Não digo *consciência* porque é uma palavra já desgastadamente utilizada.

É esse domínio da palavra que aproxima os protagonistas do filme *Gran Torino*, de Clint Eastwood, examinado no capítulo 7.

7. Herança

"Onde eu sabia que algo poderia ajudar a preparar o príncipe herdeiro para os encontros com os ocidentais que ele teria no futuro, falava livremente; onde se tratava de relações puramente japonesas, geralmente me calava. No entanto, eu me regozijei repetidas vezes quando um pouco de liberdade conquistada para o Príncipe por meio de seus contatos no Ocidente foi estendido para sua vida japonesa".[1]

Elisabeth Gray Vining (1902-1999) foi tutora de Akihito (príncipe herdeiro do Japão) de 1946 até 1950 e sua tarefa, além de ensinar língua inglesa, era abrir as "janelas para um mundo mais amplo para nosso príncipe herdeiro". A herança que deixou impressa na alma do príncipe marcou para sempre os destinos da família imperial e as relações que a partir de então os japoneses passaram a ter com o Ocidente.

A herança, entendida como janela que se abre para o mundo, nas suas mais diversas formas, conduz a mutações daquele que herda e de quem outorga a herança.

A transformação alcança uma dimensão de não retorno, pois quem recebe a herança é, ao mesmo tempo, herdeiro e órfão.

Em sintonia com o filósofo italiano Massimo Cacciari, o latim *heres* tem a mesma raiz do grego *kheros*, que significa deserto, vazio, ausente. Portanto, apenas aqueles que se descobrem como *orbus* (em luto), órfãos (mesma raiz do *Erbe* alemão: herança), podem herdar. Para ser herdeiro é preciso saber passar por todo o luto que a falta radical de alguém produz. Talvez nada seja mais estranho para nós

1 VINING, Elizabeth Gray. *Windows for the Crown Prince*. Filadélfia: Lippincott Williams & Wilkins, 1952, p. 204.

do que essa ideia de herança. Embora possa ter surgido no humanismo mais filosófica e teologicamente ousado, os grandes filhos da modernidade não se reconhecem mais como verdadeiros herdeiros. O idealismo heroico da nova ciência e da nova filosofia é dominado por *homines novi*, pela ideia de um "novo homem", que se infunde a partir do que ele mesmo escolheu ser. O "novo homem" é um órfão.

Como diz Philip Roth em um de seus belos livros: "Será que eu não me achava digno daquilo? Será que considerava meu irmão e seus filhos mais merecedores como herdeiros do que eu, talvez porque meu irmão, ao lhe dar netos, houvesse conquistado mais legitimidade como herdeiro de um pai do que o filho que não havia procriado? Será que eu era o irmão mais novo que de repente se tornara incapaz de fazer valer seus direitos contra a antiguidade de alguém que tinha chegado antes? Ou, pelo contrário, será que eu era o irmão mais novo que acreditava já haver usurpado demais as prerrogativas de um irmão mais velho? De onde viera exatamente esse impulso de abandonar meu direito sobre a herança? Como teria tal impulso vencido com tamanha facilidade as expectativas que eu agora, tardiamente, descobria que um filho tem o direito de acalentar?".[2]

A herança de Feltrinelli

A vida de Giangiacomo Feltrinelli é uma verdadeira obra literária e repleta de elementos de tragicidade. Membro de uma das famílias mais ricas da Itália, desde cedo demonstrou uma dissidência política das mais interessantes. Um magnata que se doou às causas que não tinham relação com a proteção e prolongamento de sua fortuna. Da luta contra o fascismo ao plano de reproduzir na Itália (Sardenha) os sonhos despertados pela revolução cubana, Feltrinelli viveu parte de sua vida na clandestinidade, escolhendo o codinome

---

2 ROTH, Philip. *O Patrimônio*. São Paulo: Companhia das Letras, 2017, p. 74.

de Oswaldo. Com a Editora Feltrinelli, passa a publicar obras consideradas indispensáveis para a compreensão do mundo em que vivemos, tendo sido *Dr. Jivago* um dos primeiros, como assinalado no capítulo 2. É nesse sentido que decide publicar alguns ensaios de Che Guevara, do qual dirá mais tarde: "Eu teria concordado em publicar este livro mesmo se ele não tivesse vendido, porque os escritos de Guevara são escritos necessários". Na impossibilidade de conviver regularmente com sua família, dada a vida clandestina, escreve para seu filho, Carlo, em 1970 (quando este tinha oito anos de idade), que se tornará, mais tarde, um verdadeiro legado, um patrimônio, uma herança.

CARTA DE GIANGIACOMO FELTRINELLI
A SEU FILHO CARLO FELTRINELLI
29 DE JANEIRO DE 1970

Caro Carlino, antes de mais nada, tenha um aniversário muitíssimo feliz. Espero que mamãe tenha organizado uma boa festa para você. Sinto muito e estou triste por não poder estar aí também. Infelizmente estou longe e, com toda a probabilidade, terei de ficar longe por mais algum tempo. Eu tentei explicar a você, há algum tempo, como o mundo, e também a Itália, é dividido em dois tipos de pessoas, em duas classes: aqueles que têm dinheiro, terras, fábricas e casas, e aqueles que não têm dinheiro, e têm que trabalhar como cachorros para ganhar algum dinheiro, só um pouco, e muitas vezes nem mesmo o suficiente para sua sobrevivência. Aqueles que têm dinheiro, que têm fábricas e terras, ficam cada vez mais ricos fazendo outros trabalharem e lucrando com o trabalho dos trabalhadores. É óbvio que entre patrões e trabalhadores sempre houve uma luta que às vezes se torna particularmente dura e violenta. Em seguida, os patrões recrutam os fascistas, delinquentes comuns, e eles chamam a polícia e os *carabinieri*. E é exatamente isso que está acontecendo hoje. Como você sabe, seu pai está do lado dos trabalhadores e acha injusto que um trabalhador trabalhe para enriquecer o patrão. E como seu pai está do lado dos trabalhadores, embora tenha dinheiro, e de fato usa esse dinheiro para imprimir e publicar livros que defendem a causa dos trabalhadores, os patrões, os ricos, organizaram uma violenta campanha contra ele. Tudo isso faz parte de uma batalha maior entre patrões e ricos, de um lado, e trabalhadores e lavradores, do outro. Na Itália de hoje, essa batalha se tornou particularmente acirrada, dura e violenta. E seu pai está nessa batalha, nessa luta, até o pescoço. É uma luta pela liberdade e contra as injustiças dos patrões, para que os pobres, os trabalhadores, tenham finalmente uma vida digna e mandem os filhos à escola. Quanto tempo vai durar essa batalha, essa luta? Não sei, Carlino. Esperemos que não dure muito, esperemos que amanhã você possa viver em uma sociedade, em um país onde todas essas injustiças não existam mais. E por isso também, para que um dia você possa viver tranquilo, estudando, trabalhando para si e para os outros, e não apenas para ganhar dinheiro, que eu e muitos outros amigos e companheiros estamos lutando contra os patrões, contra o fascismo, e contra injustiça. Espero não ter entediado você com essa explicação, mas gostaria que soubesse por que tive que ir embora, por que e pelo que estamos lutando. Mas comecei esta carta enviando-lhe votos de felicidades pelo seu aniversário. Tenha um aniversário muito, muito feliz, Carlino. Também não vai ser um ano fácil para você. Mamãe me escreveu para dizer que você tirou notas realmente excelentes na escola: estou muito feliz e orgulhoso de você. Eu sei que você realmente gosta da escola onde está agora, de seus amigos e de seu professor. É certo que você estude e aprenda muitas coisas. Assim, você sempre poderá pensar usando sua própria cabeça. Se nos próximos meses eu encontrar um pouco de tempo, tentarei lhe escrever uma história da Itália. A história que eles ensinam na escola é toda errada e feita especialmente para confundir suas ideias. Eu estou bem. Nas últimas semanas tenho estudado e trabalhado muito: à noite estou sempre morto de cansaço.

Bom, Carlino: um grande abraço e muito, muito amor,

Seu Papai.[3]

---

3 FELTRINELLI, Carlo. *Senior Service: A Story of Riches, Revolution and Violent Death*. Trad. Alastair McEwen. Londres: Granta Books, 2013, p. 355.

A herança de *Gran Torino*

As primeiras cenas de *Gran Torino* retratam Walt Kowalski como um homem de coração endurecido. Walt é um senhor rabugento que passou meio século trabalhando para a Ford. Ele também é um veterano da Guerra da Coreia com questões não resolvidas daquele conflito. Agora aposentado, ele vive sozinho com sua raiva e preconceitos; sua amada esposa acabou de morrer e sua aparência e comportamento sugerem que ele deseja se juntar a ela. Ele está parcialmente afastado de seus dois filhos e suas famílias; orgulho, intransigência e mal-entendidos suprimem a afeição de ambos os lados. Os filhos parecem ambiciosos aos modos de classe média e reservam pouco tempo para o pai, além dos deveres superficiais ou considerações sobre como ele pode beneficiá-los e aos netos. As cenas de abertura do filme, mostrando o funeral da esposa de Walt e a família reunida em sua casa depois, revelam os netos olhando astutamente para as coisas que esperam herdar quando Walt morrer. Especialmente desejado é o bem valioso de Walt, um Gran Torino de 1973, que ele mantém em perfeitas condições.

A neta, que em breve entrará na faculdade, não esconde o desejo de possuí-lo. Quando Walt a encontra em sua garagem olhando para o carro enquanto fuma, seu nojo é expelido em rosnados e mais rosnados, especialmente quando ele percebe os brincos em suas orelhas furadas e um *piercing* em seu umbigo. Sua raiva também se derrama sobre seus filhos. Na cena posterior que mostra o aniversário de Walt, quando o filho mais velho e sua esposa trazem um bolo decorado de forma extravagante e presentes, um dos quais é um telefone com números aumentados para idosos com deficiência visual, a indignação de Walt é palpável. Mas a raiva de Walt realmente ferve quando eles sugerem que ele se mude para uma casa de repouso para idosos; ele não aceita nada disso e praticamente os expulsa de casa. Walt compreende a transmissão da herança de um outro modo.

Mais tarde, em uma cena comovente, Walt tenta confidenciar ao filho mais velho um diagnóstico médico seriamente perturbador que ele acaba de receber, mas o filho está muito ocupado com seus próprios negócios para ouvi-lo. Aparentemente, nunca houve uma boa comunicação entre Walt e os filhos. Parece que a esposa de Walt fornecia a cola que mantinha a família unida, e ela também gerava qualquer sentimento familiar que existia. Mas com sua morte, isso também foi dissipado.

Além do distanciamento de seus filhos, Walt também está isolado e despreza seus vizinhos. Imigrantes hmong mudaram-se recentemente para o bairro e, simplesmente por serem asiáticos, eles lembram Walt dos norte-coreanos, contra os quais lutou na guerra. Walt carrega um pesado fardo de culpa e dor interior de sua experiência de guerra. Embora indefinidas, essas memórias aprisionam sua mente e são vomitadas em momentos estressantes quando sua raiva explode. Essa raiva quase se mostra fatal quando ele flagra Thao tentando roubar seu Gran Torino. Apontando uma arma para Thao depois de pegá-lo na garagem, Walt diz: "Eu costumava esconder caras como você com um metro e meio de altura na Coreia. Usei-os como sacos de areia". "Ele não está em paz", como um ancião disse a Walt durante uma das funções da família hmong. O fato de Walt não estar "em paz" assume uma vantagem adicional à luz do agravamento de sua condição médica. Ele expele sangue ao tossir durante grande parte do filme e a implicação é que ele tem uma doença fatal, provavelmente câncer de pulmão, embora a doença não seja mencionada. O tempo de Walt para encontrar a paz é limitado, ao que parece, assim como seu desejo de encontrá-la.

Fissuras na armadura em torno do coração de Walt começam a aparecer quando ele salva primeiro Thao e depois Sue da violência de gangues. Ele involuntariamente salva Thao quando a gangue hmong tenta pressioná-lo para entrar em suas fileiras. Uma briga se inicia quando as mulheres defensoras de Thao o puxam de volta, e o cabo de guerra se espalha pelo gramado na frente da casa de Walt. Walt termina a luta apontando seu rifle para os membros da gangue e ordenando-lhes: "Saiam do meu gramado". Mais tarde, Walt intencionalmente salva Sue de uma gangue de adolescentes negros que fazem uma emboscada para ela e seu namorado, Trey, enquanto caminham para casa através do território da gangue. Walt está dirigindo, vê Sue sendo abordada e intervém. Mais uma vez sob a mira de uma arma – Walt puxou uma pistola de calibre .45 de dentro da jaqueta –, ele salva Sue de qualquer outro ataque que possa estar vindo em sua direção. Enquanto Walt dá uma carona para Sue em sua caminhonete, o calor de um certo vínculo se acende. Walt deu os primeiros passos no que se tornou um papel mais amplo de promover e proteger Thao e Sue.

Durante essa viagem, Sue afirma claramente o dilema que os jovens hmong enfrentam: "As meninas vão para a faculdade; os meninos vão para a cadeia". Na ruptura dos padrões tradicionais da ordem social e familiar hmong, as gangues criam um padrão alternativo de desordem e violência. Durante seu rito de iniciação fracassado na gangue de seu primo, Thao corre o risco de se tornar um ladrão e, de fato, ele tem sorte de escapar com vida. A tentativa frustrada de Thao em roubar o Gran Torino de Walt, no entanto, se torna a base para o pedido formal de desculpas de Thao a Walt. O pedido de desculpas envolve um período de trabalho pessoal destinado a oferecer restituição e, assim, remover a mancha na honra da família que sua tentativa de roubo causou. Durante esses dias de penitência, Walt usa Thao como força de trabalho de um homem só para limpar as calhas em propriedades na vizinhança próxima. Relutantemente, Walt desenvolve um senso de responsabilidade por Thao e, eventualmente, ele assume a missão de instruir Thao nos caminhos da masculinidade.

Sem almejá-lo, Walt ganhou o *status* de herói entre seus vizinhos hmong ao derrotar a gangue. Embora irritado e relutante no início, Walt se permite ser cada vez mais atraído pela cultura hmong ao seu redor. Muito disso ocorre a pedido de Sue e sob sua tutela.

Sua inteligência rápida, língua afiada e maneiras espirituosas fornecem a base necessária para enfrentar Walt, ao mesmo tempo em que ela oferece um abraço caloroso de sua presença em sua família. Sue fornece o centro feminino de que ele sente falta após a morte de sua esposa. Por sua vez, Walt fornece a presença masculina e a ajuda material de que a família de Sue precisa após a morte de seu pai. Alinhando a base da máquina de lavar que balança, consertando pias e ventiladores de teto quebrados, oferecendo seu velho freezer e fazendo churrascos, Walt assume uma função que o define como "Eu conserto coisas". E, embora ele negue, Walt parece responder ao afeto e endosso de Sue: "Você é um bom homem, Wally".

À medida que a família hmong se torna cada vez mais a própria família adotiva de Walt, o curso de sua vida e as vidas de Sue e Thao parecem estar em trajetórias opostas enquanto a velhice diminui e a juventude aumenta. Mas a gangue hmong e os níveis crescentes de violência à medida que Walt busca defender sua *família* das depredações da gangue complicam e entrelaçam o curso natural de suas vidas.

O que dá a Gran Torino seu apelo é o grau com que sua ação retrata o crescimento da compaixão no coração aparentemente endurecido de Walt. Seus vizinhos adolescentes – Sue e Thao – são os elementos-chave na mudança gradual das experiências de Walt.

Na maioria das cenas anteriores do filme, Walt aparece travado em posturas de autodefesa contra vários ataques: a morte de sua esposa, os relacionamentos rompidos com seus filhos e suas famílias, o alcance indesejado do padre e a invasão de seu bairro pelos recém-chegados hmong. Mas, ao longo do filme, surpreendentemente, os vizinhos hmong de Walt são transferidos de seu *status* inicial de invasores alienígenas para um lugar em seu coração como sua família recém-adotada.

O filme revela, também, os pequenos rituais da vida diária, especialmente aqueles centrados na casa da família em um bairro cuja composição étnica mudou drasticamente. Esses rituais incluem conhecer seus vizinhos, celebrar refeições em família e um homem ensinar a um adolescente os caminhos da masculinidade, bem como proteger as mulheres. Esses rituais tornam-se complicados porque são estendidos de uma cultura a outra, bem como de uma geração a outra, mas à medida que acontecem, vemos os universais da vida que nos unem além de nossas diferenças. Também vemos os tipos de diferenças que tantas vezes nos dividem.

Ainda que a cena final mostre Thao dirigindo o Grand Torino que recebeu como herança de Walt, há algo de mais importante que Walt legou a Thao e seus familiares. A noção de família é, desse modo, redefinida para além dos laços de parentesco.

8. Amor

Eros é a pedra de amolar da alma.
Alceu de Mitilene, *Antologia Grega* XII, p. 36

Eros, o supremo cozinheiro da alma.
Meleagro, *Antologia Grega XII*, p. 57

Para escrever sobre os seres humanos é preciso distanciar-se – ainda que provisoriamente – das pessoas e, ao mesmo tempo, a beleza que se encontra é insuportável se não há alguém para compartilhar. A isso dou o nome de amor: a experiência da beleza compartilhada. Mas isso não é tudo. É apenas parte desse mistério que chamamos pelo nome de amor.

Em sua viagem pela Itália (1786-1788), Goethe usou o nome fictício Jean Philippe Moeller para passar despercebido, pois naquele tempo já havia escrito a célebre obra *Werther*.

Em 12 de setembro de 1786, depois do almoço, escreve em seu diário:

> Como desejaria que meus amigos estivessem perto de mim por um momento e pudessem apreciar a vista à minha frente! Esta noite poderia ter chegado a Verona, mas teria deixado escapar uma maravilha da natureza, um espetáculo encantador, o Lago de Garda; não queria perdê-lo e fui maravilhosamente recompensado.[1]

Essa seria uma variante do amor que qualificamos por amizade e assinala um dos fatores mais comumente esquecidos: que no

1 GOETHE, Johann Wolfgang. *Viaggio in Italia*. Milão: BUR, 1991.

amor há a busca da beleza, do belo, da experiência de compartilhar lampejos do mundo que seriam insuportáveis de se observar pelos olhos exclusivamente individuais. Sem a companhia de quem se ama, cada um se vê fora da esfera do belo, como o amante excluído do coração, da ternura, como disse Giacomo Leopardi em *Zibaldoni di Pensiero*. Um estado de amor desperta a sensação de não se bastar a si mesmo, de não querer que o mundo se reduza à experiência solitária, autônoma e indisfarçavelmente narcisista. Só existe amor quando há a presença de um outro com quem compartilhamos o mundo. O amor sempre reclama a *presença*. Quando Heloísa diz a Abelardo em uma carta ao amado: "Enquanto estou privada de tua presença, pelo menos com as palavras que desejo, e das quais és rico, dê-me de presente a doçura da tua imagem", está demandando justamente essa *presença* que pode se dar por intermédio da *palavra*. O amor é, fundamentalmente, palavra; não qualquer palavra, mas aquela que torna a *presença* possível. A palavra que traz consigo um mundo completo.

"Eu o amei desesperadamente, por todos esses anos", diz Francesca no diário deixado aos filhos. Ela amava Robert *desesperadamente*. Não é qualquer amor. Não é uma expressão corriqueira. É um amor *desesperado*, como disse acertadamente Bruce Springsteen em sua canção *I'll love you with all the madness in my soul*. Essa declaração intensa expressa mais que um sentimento, mais que uma paixão; ultrapassa os limites da compreensão. Revela, entretanto, que há diversos tipos de amor. E o mais profundo é aquele que cintila os raios do desassossego, da inquietude, da desesperança. Essa perturbação indica uma dissociação entre a forte ênfase que aprendemos a dar à noção de consciência e de controle da experiência amorosa, como se ela desse conta de abarcar as mais profundas experiências às quais o ser humano possa vivenciar. O amor passa a ser, então, algo a ser controlado, dosado, impedindo qualquer momento de perdição que possa causar. O amor torna-se *amor-paixão*. Como disse a filósofa Maria Zambrano, "como o homem acreditou que seu ser não era senão consciência, o amor se encontrou sem espaço vital para o encorajar, como um pássaro sufocado no vácuo".[2]

Falar de amor tem se tornado apenas objeto de citações literárias eloquentes para que se produza discursos sobre ele.[3] O amor está em todos os cantos quando se trata de esboçar uma espécie de intuição das emoções mais significativas, porque, afinal, como disseram Os Beatles: *All You Need is Love*. Ele se tornou objeto de análise, de investigação e de conversas que não mais o exaltam; na verdade, ele passou por uma transformação radical e agora é desprezado como se despreza uma espinha de peixe servido no jantar. É fundamental para a estrutura física do peixe, mas muitos entendem que deve ser tratado com suspeita, com receio, com temor, pois bastaria um espinho parado na garganta para acabar com uma belíssima refeição. Para acomodar o coração e programar a experiência amorosa, agora chamamos os casais de *companheiros* e não mais de amantes; alteramos o seu nome e não mais nos referimos a pessoas que amam e são amadas. Se na canção John Lennon dizia que o amor não era um jogo que se possa manejar simplesmente, também repetia uma espécie de mantra e lema universal: "*Love, love, love, love, love, love*"... A mensagem era simples e direta, tão radical que muitos viram ali algo de insuportavelmente impossível de se realizar.

No tratado de Platão sobre o amor, sobre o Eros, muitos foram convidados para um jantar-banquete. *O Banquete*: este é o título

---

2 ZAMBRANO, Maria. *Dos fragmentos sobre el amor*. Málaga: Begar Ediciones, 1982

3 BECKETT, Samuel. *Primeiro Amor*. São Paulo: Cosac Naify, 2004, p. 11: "Eu não tinha dados sobre isso, nunca tendo amado antes, mas tinha ouvido falar da coisa, naturalmente, em casa, na escola, no bordel, na igreja, e tinha lido romances, em prosa e em verso, sob a direção do meu tutor, em inglês, francês, italiano, alemão, nos quais ele era tratado em detalhes".

da obra.[4] De poetas, como Agatão, até filósofos, como Sócrates, todos que estão presentes devem fazer um elogio a Eros. Cada um fala e enuncia o que compreende como sendo a essência do Amor. Quando é a vez de Sócrates, ocorre algo inusitado. Ao contrário de revelar em primeira pessoa o que entende ser a magia envolvida no amor, reconta o que a sacerdotisa Diotima diz sobre os mistérios deste. O amor passa, assim, da boca dos homens à boca das mulheres. Passa da filosofia à sacerdotisa de Eros. O amor não é, em Platão e Sócrates, uma teoria que se possa desenvolver, uma análise de um objeto como os demais. Há uma gigantesca diferença entre fazer um *discurso sobre o amor* e fazer uma *declaração de amor*. Daí a filosofia nasce: como uma espécie de primeiro beijo, como dirá mais tarde Novalis.[5] Se no conhecimento procuramos abrir os olhos e captar a verdade, a ciência, a realidade, no beijo cerramos as pálpebras e nos lançamos na obscuridade dos mistérios do amor. Uma verdadeira declaração de amor, tal qual Beckett faz entrever em *Primeiro Amor*.[6] O amor não é objeto, é experiência; a experiência amorosa é o que conta, e não o discurso sobre o amor. Ao final do Banquete, temos um exemplo disso: a declaração de amor feita por Alcibíades a Sócrates; todos os discursos sobre o amor são suplantados por essa entrada intempestiva que não cabe nos limites da razão pura. Alcibíades estava embriagado pelo Eros. "Um amor que torna a fala inútil e a palavra incapaz", como expressa Goneril no *Rei Lear*, de Shakespeare.

---

4 PLATÃO. "O Banquete". *Diálogos de Platão: Mênon, Banquete, Fedro*. Rio de Janeiro: Ediouro, 1996.

5 NOVALIS. *Œuvres complètes II: Les fragments*. Paris: Gallimard, 1975, p. 62, fragmento 69: "O primeiro beijo é, nesta compreensão, o princípio da filosofia – a origem de um novo mundo – o início de uma era absoluta – o ato de uma união infinita e cada vez maior consigo mesmo. Quem não gostaria de uma filosofia que começa com um primeiro beijo?".

6 BECKETT, Samuel. *Primeiro Amor*. São Paulo: Cosac Naify, 2004.

Amar é viver a vertigem que se instala e se recusa a sair; é iniciar algo sem saber onde iremos parar. "Com o amor nós dormimos com dúvida", diria Patti Smith. Amor não é dever: "você deve amar". O amor não é uma obrigação e não pode ser encomendado; quando ouvimos "amai-vos uns aos outros" não podemos entendê-lo como uma ordem, como um dever, mas um apelo a algo que não controlamos e que é infinito. O amor é um direito que não gera deveres. E é devido a essa infinitude que ele comporta prazer e desprazer, alegria e dor, tormentas e silêncio, não se reduzindo a júbilo e serenidade. O amor não é um jogo que controlamos do início ao fim, afastando o medo de que algo saia de nosso domínio e nos machuquemos irreparavelmente. Nos rastros de Platão dirá mais tarde Patti Smith em sua música-poesia *Because the night*: "O amor é um banquete no qual nos alimentamos" e, ao final, basta dizer "*touch me now*". Em carta endereçada a sua amada Lili Brik, em 1923, o poeta Maiakovski abre seu coração e escreve aquilo que é uma das verdades mais centrais da vida: "o amor é o coração de todas as coisas".

9. Sonhos

O que é a vida? Um frenesi.
O que é a vida? Uma ilusão,
uma sombra, uma ficção,
e o maior bem é pequeno;
que toda a vida é um sonho,
e os sonhos, sonhos são.

Calderón de la Barca, *La vida es un sueño*[1]

No medievo, os cavaleiros eram respeitados e os meninos – filhos dos cavaleiros – recebiam do pai um cavalinho para cavalgar. As outras crianças – que não eram filhos de cavaleiros e não tinham um cavalinho – faziam cavalinhos de madeira com o qual realizavam o sonho de serem cavaleiros. Depois de passar o dia trabalhando no campo, se permitiam sonhar, imaginar um mundo diferente. Robin era o nome que as crianças davam a esses cavalos; com o passar do tempo, a palavra se transformou de Robin para Robi e, por fim, para a palavra *hobby*.

Essas mutações fizeram com que sonhar passasse a ser sinônimo de lazer, de ócio, de algo inútil, de algo que não resultava em algo verdadeiro e concreto; algo distante do cavalo verdadeiro e real, da atividade de cavaleiro verdadeiro e real. *Hobby* começou a ser compreendido como aquelas atividades que não contribuíam efetivamente para o desenvolvimento da sociedade e do estado – como se fosse uma paródia do trabalho verdadeiro e real; atividades de músicos, artistas, professores (filósofos), atores, fotógrafos (são tantas!) adquiriram esse significado e são vistas, ainda hoje, de soslaio,

---

1 DE LA BARCA, Pedro Calderón. *La vida es un sueño*. Santa Fé: El Cid Editor, 2003, p. 90 (Colección Carrascalejo de la Jara).

com suspeita e desconfiança. Manter os sonhos vivos significa tanto que nos faz levantar a cada dia, mesmo em meio à turbulência mais severa. E quando não se realizam, nos recordamos que "Os velhos sonhos foram bons sonhos; eles não deram certo, mas fico contente porque os tive".[2] De modo diferente do que acontece em *1984*, de George Orwell, ou nas histórias de Philip K. Dick, como *Minority Report*, Ismail Kadare situa seu romance *O Palácio dos Sonhos*[3] em um passado distante e não em um futuro próximo. Publicado na Albânia em 1981, a ficção de Kadare (autor mais conhecido por sua obra *Abril despedaçado*) imaginou um dispositivo bastante inédito. Este é o Palácio dos Sonhos, cuja tarefa é a coleção ininterrupta dos sonhos de cada um dos súditos do sultão. Em cada província do império, uma rede de funcionários percorre cidades e vilarejos em busca dos sonhos dos habitantes. Uma vez transcritos, os sonhos são transmitidos ao Palácio, onde são submetidos a um complexo exame que é dividido em várias etapas de triagem, filtragem e seleção: no final, resta apenas um pequeno número de sonhos a serem analisados. Esses sonhos são meticulosamente esquadrinhados e interpretados pela administração, que todas as semanas se identifica como o "guia dos sonhos", o fermento mais poderoso germinado pelo inconsciente, potencialmente o mais subversivo, que pressagia o fim do império e de seu tirano. A máquina de interpretar sonhos não cessa: cada noite traz uma nova carga que será peneirada.

"Há muito que o mundo conhece a importância dos sonhos e do seu papel na antecipação dos destinos coletivos. Pense no oráculo de Delfos na Grécia antiga, ou nos famosos quiromantes romanos, assírios, persas, mongóis e outros", diz o texto. No entanto, o Palácio dos Sonhos em Kadare é uma expressão mais ambiciosa. É

---

2 WALLE, Robert James. *As Pontes de Madison*. Trad. Alice Klesck. São Paulo: Única, 2015, p. 34, durante um trecho em que Robert fala com Francesca.

3 KADARE, Ismail. *El Palácio de los Sueños*. Madri: Alianza, 2013, p. 17-18.

uma questão de fermentar e interpretar o inconsciente de toda a sociedade para evitar ameaças, eliminar adversários e frustrar tramas. "A função do nosso Palácio dos Sonhos [...] consiste em classificar e examinar não os sonhos isolados de alguns indivíduos, como o fizeram aqueles que, por uma razão ou outra, se viram outrora beneficiados com este privilégio e detinham na prática o monopólio da predição através da leitura dos sinais divinos, mas o Tabir inteiro, ou seja, a totalidade dos sonhos de todos os cidadãos, sem exceção. É um empreendimento grandioso, em comparação com o qual empalidecem os oráculos de Delfos, as castas dos profetas ou os mágicos do passado." Quem dirige o Palácio dos Sonhos detém o poder e busca conquistar o inconsciente coletivo.

"Cada paixão ou ideia má, cada flagelo ou crime, cada rebelião ou catástrofe necessariamente lança sua sombra muito antes de se manifestar na vida real. É por isso que o Padixá prescreve que nenhum sonho, mesmo tido nas fronteiras mais remotas do país, mesmo nos dias mais normais e pela criatura mais ignorada por Alá, deve escapar ao exame do Tabir Sarrail." O Palácio dos Sonhos não tem outro propósito senão afastar a incerteza. É um dispositivo precioso que visa a total transparência no espaço e no tempo. Prever o futuro e tomar precauções contra o que possa ocorrer. Não apenas controlar, mas neutralizar completamente a experiência. O Palácio dos Sonhos é um novo tipo de prisão, a prisão do possível.

***

Estamos em um momento da história que se distingue por sua inquietação e por sua angústia. Mais ainda, encontramo-nos, pela primeira vez, incluídos em eventos históricos que afetam indistintamente todo o mundo e sobre os quais as pessoas discutem formas alternativas de se enfrentar problemas de dimensões globais. Se os eventos de 1989 na Praça da Paz Celestial foram observados de fora, se o ocorrido em 11 de setembro de 2001, com o atentado às Torres Gêmeas (em Nova Iorque) foram acompanhados em tempo real pelos televisores mundo afora, agora estamos em meio aos acontecimentos e não somos apenas expectadores. Somos uma parte que vive em meio a transformações que sequer temos condições de avaliar e prever.

Uma das características mais importantes ao se lidar com o presente tem sido o exercício da capacidade de recuperar as experiências do passado (momentos particularmente significativos, como a pandemia da peste negra e da gripe espanhola) e mobilizar as mentalidades para assinalar as características dos tempos futuros. Em pleno auge da pandemia de covid-19, passamos a falar de um mundo pós-pandemia. Passamos a falar do futuro. Inventamos a medonha expressão "novo normal", como se fizéssemos ideia de como era o normal em um passado próximo.

Visões do futuro são geralmente associadas a pessoas com uma sensibilidade aguçada sobre as condições do presente, uma forte noção do passado e uma inquietação a respeito do futuro que as faz organizar seu pensamento de modo a propor uma radicalidade frente às possibilidades que se apresentam: essas pessoas são chamadas de visionárias.

É com essa disposição de formular alternativas ao presente que os visionários esperam reunir, em si mesmos, o simbolismo que estará presente em suas biografias. As biografias autorizadas são, nesse sentido, uma face visível dos visionários, sejam indivíduos, instituições ou corporações, com destaque para a figura do fundador de uma especial perspectiva de futuro. Desse modo, tal visibilidade se dá por intermédio do quão relevante é ser portador de uma visão e de uma missão.

A noção de visão é um elemento em destaque, seja para se voltar às origens e fazer uma espécie de *(re)visão*, ou de apontar os itinerários para a concretização de uma *(pré)visão* (uma visão prévia) do que há de ser alcançado, construído.

As visões de futuro

E os visionários individuais? E a biografia autorizada individual como símbolo da capacidade de encorajar pessoas e instituições a cumprir o que é ou seria a sua missão? *Visão* e *missão* são palavras que precisam ser vistas de modo entrelaçado por um eixo comum, o eixo da urgência. Seu contexto de nascimento é o medievo e a figura de Francisco de Assis, um de seus exemplos mais significativos.

Inquieto com a experiência da participação nas Cruzadas, com a riqueza familiar em meio a tanta fome e calamidades, Francisco abandona a casa dos pais e funda aquela que será uma das ordens religiosas mais importantes da cristandade. Consegue, com sua simplicidade de propósitos, reunir um número cada vez mais crescente de *fratelli* e, mais tarde, elabora a regra que conduzirá a trajetória sempre crescente da Ordem Franciscana. Em 1219, Francisco decide enviar um grupo de frades à França. Vinte anos depois, eles possuem aproximadamente 72 conventos. Esse crescimento frequentemente o assusta, pois, ao expandir-se cada vez mais, exige um ordenamento das atribuições e, ao mesmo tempo, fomenta o sentido de missão que precisa ser concretizada. A missão está, desse modo, atrelada ao sentido de visão.

Até mesmo elementos aparentemente sem sentido, como a vestimenta, foram objetos de reflexão por parte de Francisco. Uma túnica simples, sem tingimento, rústica, com capuz, como a dos camponeses, simbolizaria externamente a identificação da Ordem com seu ideal de pobreza. Mais tarde, a adequação da túnica aos hábitos mais sofisticados causará um rompimento no interior da Ordem, um dos motivos para o surgimento dos Capuchinhos, um ramo do franciscanismo que almejava recuperar a visão de Francisco. Um dos aspectos centrais era ser reconhecível, e o capuz traduzia esse reconhecimento. A mesma ruptura ocorrerá entre os mosteiros beneditinos, particularmente entre os monges de Cluny, e um ramo que nascerá dessa disputa: os cistercienses. Distintamente da vestimenta beneditina em cor preta, os monges cistercienses começam a vestir-se de branco, um sinal de distinção, diferenciação.

A administração central da missão franciscana, muitas vezes questionada, finalmente foi colocada em xeque por Francisco, que, contrariado, no último ano de sua vida demitiu-se da direção da Ordem Franciscana. Após sua morte, um frade chamado Tommaso da Celano foi escolhido para escrever sua biografia. A primeira foi conhecida como *Vita Prima*, que, por destacar elementos que não favoreciam plenamente o que se esperava assinalar em Francisco, exigiu uma espécie de segunda versão biográfica. Se o primeiro elemento é a visão e o segundo é a missão, o terceiro precisa contar com aquilo que fará uma dimensão de reconhecimento do papel da instituição, para além de seu fundador. Isso é imprescindível para a imagem da organização e para a motivação de seus membros, daí a importância da biografia autorizada.

Esses aspectos, no entanto, não são exclusividade de Francisco de Assis. Os mesmos elementos podem ser encontrados em indivíduos, instituições e corporações muito recentes. Os exemplos mais simbólicos são os empreendedores Henry Ford, Steve Jobs e Bill Gates, e as empresas mundialmente conhecidas Microsoft, Amazon, Apple etc. No mesmo estilo de Francisco, Isaacson, biógrafo de Steve Jobs, revela do biografado: "Durante o processo, porém, Jobs ficou amigo de Miyake, a quem visitava regularmente. Também acabou gostando da ideia de ter um uniforme para si próprio, tanto pela conveniência diária (a razão que ele alegou) como pela capacidade de transmitir um estilo de marca". Jobs, do mesmo modo que Francisco, um visionário, também se preocupava com a roupa como sinal de identificação. Ao contrário de Francisco, Jobs não conseguiu convencer os funcionários da Apple a cultivar esse hábito.

Do mesmo modo que nascem as ordens religiosas, têm origem as corporações modernas. E os mesmos problemas de organização, crescimento e preservação se assemelham. Noções como obediência, mito do fundador, identificação, segmento de mercado (as ordens religiosas competiam entre si) e produto oferecido são importantes para se compreender o funcionamento interno e externo dessas esferas de "sacralidade".

O futuro no presente

É com o estímulo de se examinar as possibilidades de se compreender e construir o futuro que duas instituições formularam recentemente o que seria sua visão do que pode ser elaborado em um horizonte de longo prazo. Estou falando do ano 2050. Dois projetos aparecem com o nome *Visão 2050*. O primeiro deles é o World Business Council for Sustainable Development (WBCSD), composto por 29 empresas que se dedicam a pensar a visão de um mundo a caminho da sustentabilidade até 2050 e um caminho que leva a esse mundo: em suas palavras, é "um caminho que exigirá mudanças fundamentais nas estruturas de governança, estruturas econômicas, negócios e comportamento humano".[4] A primeira ideia do projeto *Vision 2050* do WBCSD foi formulada em 2010.

Outro projeto que recebe o mesmo nome – *Vision 2050* – foi pensado pelos Cavaleiros da Ordem de Malta, que visam "Fornecer apoio e assistência financeira aos jovens membros e voluntários envolvidos nas atividades locais e internacionais da Ordem, permitindo que eles se reúnam, compartilhem as melhores práticas e colaborem em suas atividades e discussões. A Visão 2050 também oferece aos membros e voluntários mais jovens – a futura liderança da Ordem – uma oportunidade de contribuir com suas opiniões sobre como a Ordem pode se adaptar e prosperar no mundo de

4 Descrição do projeto de acordo com o *site* do próprio WBCSD. Cf. https://www.wbcsd.org/Overview/About-us/Vision2050.

hoje e no futuro".[5] No *site* da Ordem de Malta[6] é citada a perenidade do trabalho realizado, apontando o ano 1048 como data de sua origem, o que lhe daria um suporte de credibilidade sobre sua visão do passado e do futuro.

Os dois projetos, ainda que distintos em sua formulação, motivos e linguagem utilizada, têm como tarefa fundamental delimitar esferas de atuação, circunscrever o que é inadiável para a concretização da visão de futuro e estabelecer os caminhos para que sua missão possa ser decisivamente posta em prática.

Uma vez que o vocabulário de visão e missão são compartilhados por ordens religiosas e militares e empresas globais, podemos dar um passo adiante e falar sobre o futuro? Uma vez que o futuro parece exigir que as noções de *visão* e *missão* estejam presentes nas mais diversas configurações institucionais, o que pode ser dito e feito em relação ao futuro?

5 Descrição dos objetivos do projeto de acordo com o próprio *site* da Ordem de Malta. Cf. http://www.orderofmaltavision2050.com/.

6 Cf. http://www.orderofmalta.int/history/.

Referências

ALLEN, Ann Taylor. *Feminism and Motherhood in Western Europe, 1890-1970: The Maternal Dilemma*. Nova Iorque: Palgrave Macmillan, 2005.

AMÉRY, Jean. *Além do crime e castigo: Tentativas de superação*. Trad. Marijane Lisboa. Rio de Janeiro: Contraponto, 2013.

ARIOSTO, Ludovico. *Orlando Furioso e cinqui canti*. Turim: UTET, 2013.

BECKETT, Samuel. *Primeiro Amor*. São Paulo: Cosac Naify, 2004.

BENEDICTUS XIV. *Declaratio*. Vaticano: Libreria Editrice Vaticana, 2013. Disponível em: http://www.vatican.va/content/benedict-xvi/pt/speeches/2013/february/documents/hf_ben-xvi_spe_20130211_declaratio.html. Acesso em: 04 jan. 2021.

BUBER, Martin. *Between Man and Man*. Londres: Routledge & Kegan Paul, 2002.

CIORAN, Emil. *Cuadernos 1957-1972*. Barcelona: Tusquets Editores, 2007.

______. *Al culmine della disperazione*. Milão: Adelphi, 1998.

DE LA BARCA, Pedro Calderón. *La vida es un sueño*. Santa Fé: El Cid Editor, 2003, p. 90 (Colección Carrascalejo de la Jara).

DERRIDA, Jacques. *El tocar, Jean-Luc Nancy*. Buenos Aires: Amorrortu Editores, 2011.

FELTRINELLI, Carlo. *Senior Service: A Story of Riches, Revolution and Violent Death*. Trad. Alastair McEwen. Londres: Granta Books, 2013.

FINN, Peter; COUVÉE, Petra. *The Zhivago Affair: The Kremlin, the CIA, and the Battle Over a Forbidden Book*. Nova Iorque: Pantheon Books, 2014, p. 138.

GOETHE, Johann Wolfgang. *Viaggio in Italia*. Milão: BUR, 1991.

HILLESUM, Etty. *Une vie bouleversée*. Paris: Seuil, 1985.

HUGO, Victor. *Os Miseráveis*. São Paulo: Cosac Naify, 2015.

KADARE, Ismail. *El Palácio de los Sueños*. Madri: Alianza, 2013.

KANT, Immanuel. *Metafísica dos Costumes*. Petrópolis: Vozes, 2013.

LOMAX, Eric. *Uma longa viagem*. São Paulo: Planeta, 2014.

MARZANO, Michela. *L'amore che mi resta*. Turim: Einaudi, 2017.

______. *Volevo essere una farfalla: Come l'anoressia mi ha insegnato a vivere*. Milão: Mondadori, 2011.

MATAR, Hisham. *The Return: Fathers, Sons and the Land in Between*. Canadá: Alfred A. Knopf, 2016.

NOVALIS. *Œuvres complètes II: Les fragments*. Paris: Gallimard, 1975.

PASTERNAK, Boris. *Safe Conduct: An autobiography and others writings*. Nova Iorque: The New American Library, 1959.

PÍNDARO. *Le Pitiche*. Milão: Fondazione Lorenzo Valla/Mondadori, 2012, p. 95.

PLATÃO. "O Banquete". *Diálogos de Platão: Mênon, Banquete, Fedro*. Rio de Janeiro: Ediouro, 1996.

PUSHKIN, Aleksandr Sergevitch. *Eugene Onegin*. [s.n.t.], 1823.

RODARI, Gianni. "Giacomo di cristallo". *Favole al telefono*. Trieste: Edizioni EL S.r.l., 1993.

ROTH, Philip. *O Patrimônio*. São Paulo: Companhia das Letras, 2017.

______. *O Homem Comum*. São Paulo: Companhia das Letras, 2006.

SIMMEL, Georg. *Sociología: Estudios sobre las formas de socialización*. México: Fondo de Cultura Económica, 2015.

SMITH, Adam. *A teoria dos sentimentos morais*. São Paulo: Martins Fontes, 2015.

TABUCCHI, Antonio. *Afirma Pereira*. São Paulo: Estação Liberdade, 2020.

TALEB, Nassim Nicholas. *Il letto di Procuste*. Milão: Il Saggiatore, 2011.

TREVES, Frederick. *L'uomo elefante*. Milão: Adelphi, 2020.

VINING, Elizabeth Gray. *Windows for the Crown Prince*. Filadélfia: Lippincott Williams & Wilkins, 1952.

VONNEGUT, Kurt. *Quando siete felici, fateci caso*. Roma: Minimum Fax, 2015.

WALLE, Robert James. *As Pontes de Madison*. Trad. Alice Klesck. São Paulo: Única, 2015.

WELSS, H. G. *Ann Veronica*. Reino Unido: T. Fisher Urwin, 1909.

ZAMBRANO, Maria. *Dos fragmentos sobre el amor*. Málaga: Begar Ediciones, 1982.

THOREAU, Henry D. *The Maine Woods: A fully annotated edition*. Ed. Jeffrey S. Cramer. New Haven: Yale University Press, 2009.

Esta obra foi composta em sistema CTcP
Capa: Supremo 250 g – Miolo: Book Ivory Slim 65 g
Impressão e acabamento
Gráfica e Editora Santuário